A NQUAN BANWOXING
—— XUESHENG ANQUAN JIAOYU

安全伴我行
——学生安全教育

·修订版·

主　编	卓　铭	陈伟权	张　英
副主编	李　强	金扬凯	毛春辉
	毛俊明	李火培	季小燕
编　委	方伟林	张长友	叶　敏
	雷光平	姚晓英	张　健

北京
国家行政学院出版社

图书在版编目（CIP）数据

安全伴我行：学生安全教育 / 卓铭，陈伟权，张英
主编．—北京：国家行政学院出版社，2017.8（2020.7修订）
ISBN 978-7-5150-2006-8

Ⅰ．①安… Ⅱ．①卓… ②陈… ③张… Ⅲ．①大学生
－安全教育－高等学校－教材 Ⅳ．① G641

中国版本图书馆 CIP 数据核字 (2017) 第 208012 号

书　　名	安全伴我行——学生安全教育（修订版）	
作　　者	卓　铭　陈伟权　张　英	
责任编辑	杨逢仪	
出版发行	国家行政学院出版社	
	（北京海淀区长春桥路 6 号 100089）	
电　　话	（010）68920640　68929037	
编 辑 部	（010）68922656　68929009	
网　　址	http://www.nsapress.com.cn	
经　　销	新华书店	
印　　刷	北京合众伟业印刷有限公司	
版　　次	2017 年 8 月第 1 版	
印　　次	2020 年 7 月第 2 次印刷	
开　　本	185 毫米 ×260 毫米　1/16	
印　　张	12.25	
字　　数	261 千字	
书　　号	ISBN 978-7-5150-2006-8	
定　　价	42.80 元	

前言 PREFACE

每当出现安全事故，社会各界会不惜一切代价进行抢救和处理，不能不承认各级部门、各级领导及所有的相关人员，对安全事故的重视。然而，决定事故不再发生并不取决于对事故处理的付出和责任的追究，恰恰相反，能真正保证安全的有效措施是"防患于未然"。

青少年是祖国的未来，民族的希望；学校是学生追求知识、追逐梦想、健全人格、完善自我、实现理想的殿堂，是人们心目中的一方净土。校园需要文明的环境和良好的秩序，对安全和稳定提出更高的要求。安全是人生理需求之外的最大需求，人无论处于生命的哪个阶段，都要与安全朝夕相伴；安全是人的生命天使，健康之本；安全伴随着幸福，安全创造着财富，安全会使青少年学生终生受益！"生命财产高于一切，安全责任重于泰山"。做好青少年学生安全知识教育，是青少年学生顺利完成学业的安全保障，是落实以人为本的科学发展观和习近平总书记"四个全面"战略部署的重要体现，是保持社会和谐稳定的重要环节。

基于以上认识，我们组织编写了本书，希望全社会（特别是学校、家庭）进一步关注青少年学生的身心安全，为他们的健康成长创设良好的环境，更希望我们的青少年学生热爱生活、珍惜生命，增强自我保护、自我救助的意识和能力。

为了让生命之花不再夭折，为了让温馨的家庭远离遗憾，为了让美丽的校园更加平安和谐，本书以了解安全知识为基础，以学会预防知识为重点，以掌握救助技能为目标，使青年学生免除不法侵害，让青年学生对生命有一个全新的认识，对安全事故危害有一套科学的安全防范措施，为社会、为家庭、为自己负起一份责任。

为方便教师教学，本书每章按照"学习目标、安全警句"的体例引入具体内容，在讲述知识点后，汇集了日常生活中直接威胁青少年学生生命安全的一些典型案例，力求生动有趣，平易浅近，既融会知识性和专业性，又体现趣味性与可读性。每章更有相应的"安全训练"以供学生实践。

本书在编写过程中，参阅了大量相关书籍和文献资料。在此，特向有关专家和作者表示衷心感谢！由于编写者水平有限，加之编写时间仓促，不足之处在所难免，恳请广大师生批评指正，以便今后修改完善。

编　者
2017 年 7 月

目 录 CONTENTS

第一章

安全教育概述

学习目标

1. 理解安全的基本概念和拓展词义。
2. 掌握安全教育的重要性。
3. 牢固树立安全意识。

安全警句

1. 安全情系生命。
2. 细小疏忽亦能酿成大祸。
3. 营造和谐环境，维护校园安全。
4. 安全铭刻在心，平安行走天下。

第一节 安全的内涵

安全的基本定义，是描述人类整体与生存环境资源和谐相处，人际互相不伤害，不存在危险和危害隐患的状态。

一、狭义的安全和广义的安全

狭义的安全，是指人类的个体与周围环境的兼容性，例如大学生与周围环境（包括与他人），相互宽容、平安快乐。

广义的安全，是指人类的生存环境的生态安全，包括天文环境和关乎全球的核安全等。

二、安全的通俗理解和高度理解

安全的通俗理解是"无危则安、无损则全"，安全就是个体的身体、心灵健康免受外界因素影响的状态。

安全的高度理解是范围广阔、超出自我的认识。自古就有"国泰民安、国弱民穷、国破家亡"等名词。所以自身的安全需与国家、民族相连，要有国家安全、民族安全、政治安全、经济安全、文化安全、国际安全、区域安全，以及企业安全等意识。

第二节　加强学生安全教育

学校是青少年追求知识、完善自我、实现理想的殿堂，是人们心目中的净土，令人放心的生活空间。

随着社会的开放也导致校园方方面面的变化，以往可以安心深造的封闭型象牙塔，变成了社会风雨随时吹入的开放环境。学校的安全，比社会其他地方更具有广泛性和特殊性。

一、加强校园环境安全建设

校园需要文明的环境和良好的秩序，对安全和稳定有更高的要求。目前所提倡的建设和谐校园，必须以安全作为前提。如果安全系数降低，就会导致学生处于紧张、慌乱之中，一切美好的愿望都可能只是漂亮的口号。

安全是人的生命之源、健康之本。"母爱""父爱"决定了他们考虑子女的安全远胜于对自己安全的关心，子女安全是家庭的第一位。社会也是如此，同等危险如果发生在校园，就会在社会引起更大的震撼和影响。国家各级政府最担心的也是学校的安全与稳定，国家民族的未来，需要大批健康的学生人才。

因此，消除各种安全隐患，加强校园环境安全建设，是学校的首要任务。

二、加强学生生活环境安全建设

学生的生活环境与其他社会成员的不同。一般情况下，"上班族"按时上下班，食宿在家里，还有自己的社交圈。而学生食宿在学校，规范化教育难免使学习生活单调。社会逐利者在周围建立"网吧""出租屋"所形成的"诱惑"，食品不安全因素的增长，都给学生带来更多的安全隐患，增加了突发事件爆发的可能。

"物欲横流"的社会现象，也会使经济拮据的学生产生超出自身条件的享乐欲望，这也为宿舍的财产安全埋下隐患。

学生在中小学由家长接送，高中成人后也是在家长无微不至的呵护下，以致很多学生是饭来伸手的"学习机器"。上大学后学习生活不能自理的现象屡见不鲜，发生问题时把"我不知道"作为第一回答。学生的个人安全能力不足，却理直气壮地对安全条件寄予很高的期望，自然给学校教育者提出更高的安全管理要求。

三、加强就业环境安全引导

安全伴随着幸福,安全创造着财富。安全会使学生终身受益,是学生顺利完成学业的保障。然而不得不承认,在"知识爆炸"的时代,紧张的生活节奏,激烈的竞争,使得学生的就业心理负担加重,进入社会实习过程中,往往反映出很大的"心理落差",使很多人失去了安全感和稳定感。于是,"空虚、无聊、寂寞"成了学校中最流行的词语。

由于在以往的学习生活中,很多学生应该具备的生活能力,因为家长的溺爱而缺失,进入社会就业后,要求大学生与标准的"社会人"一样,承受竞争、自理、技能精良等压力和要求。

教育者既然承担着培养合格社会劳动者和人才的使命,就要把帮助学生克服心理负担,解决学生缺乏"安全感"的问题放在重要位置。

小案例

2016 年 12 月,某中学校内发生一起未成年人性侵害案件。李某、张某等 8 人利用索钩爬墙进入校园内,对熟睡的女学生进行猥亵,其中 3 名嫌疑人涉嫌对一名女学生实施了猥亵。

事发后,8 名非法进入该校对女学生进行侵害的社会青年被刑事拘留,当地教育局决定将该校校长、分管安全的副校长停职以接受检查,县纪检监察等部门组成督查组对事件展开进一步的调查处理。要求对全县各级学校校园安全工作进行整顿,举一反三,排查各方面的安全隐患,切实做到防微杜渐,以确保校园安全。

请思考

除校方需加强校园安全保护措施外,作为学生面对此类事件应该怎样保护自己?

安全训练

典型案例分析解答

训练步骤

01 按照要求回答提问 → 02 以小组为单位讨论归纳较好的答案 → 03 代表小组接受课堂提问 → 成绩判定

训练形式

课内训练性质，课后准备、课堂回答。

典型案例

马加爵杀人事件暴露出当今大学校园不再是令人向往的寂静安全的"象牙塔"，学识渊博的"天之骄子"也有惊人的可怕一面。自己通过网上阅读相关文章，回答下列问题。

（1）本事件的诱因是什么？又是什么导致了马加爵一而再、再而三的对同学痛下杀手？

（2）马加爵给自己亲属的忏悔信中说了这样一件事：小时候他和最要好的"十哥"一起在村外找到一棵桃树苗，回到家中后父亲不让栽在院子里，"十哥"向他要，他却把桃树苗折断了。长大后"十哥"关心他，把自己和哥们的八成新衣服送几件他，他虽缺衣服却断然拒绝。他说的原因是自己太"自怜"了。你觉得他这些行为的思想根源是自怜吗？联系到他后来杀人，你发现了什么？

（3）从此次事件中，分析被害者为什么被害？被害者的教训是什么？

（4）马加爵无疑是害人者，但同时也伤害了自己，表现在什么方面？

（5）学校在这次事件中会受到哪些伤害？有哪些教训？

（6）一提到安全隐患，人们常会想到"硬性隐患"，所谓硬性安全隐患，是指能直观看到的火灾、抢劫、打架、欺诈等。至于个体扭曲的人生观，还有"以自我为中心"的性格等"软性隐患"，则常被人忽视。对比一下，"软性隐患"的后果是否就较轻呢？

第二章

公共安全

学习目标

1. 掌握公共安全管理的内容。
2. 重点领会珍惜生命、珍爱自我的意义。

安全警句

1. 安全依靠全员，管理重在策划。
2. 安全必先守法，守法保障安全。
3. 管理自己安全就是管理自己生命。

第一节　个人财产安全

个人财产，是所有人依法对自己的财产享有占有、使用、收益和处分的权利。任何人不经财产所有人的许可不得使用该财产，否则就是非法侵犯财产权利。个人财产安全一直是安全教育必须考虑的重要问题，如果学生无法保障其个人财产的安全，就不可能积极地学习知识和面对校园生活。而当前社会治安方面的违法犯罪行为日新月异，各种危害个人财产安全的案件时有发生，不可不防。

一、校园盗窃

（一）校园盗窃概述

校园虽然是社会的一方净土，但是安全隐患却不断增多，学生也难免要面对各种危险。校园盗窃产生的原因很多，物质因素、心理因素和品德因素等都可能导致校园盗窃的发生。校园盗窃的增多与高校管理工作的现状、学生防盗意识淡薄及维权意识差等因素也有直接关系。对在校师生进行个人财产安全和防范意识教育，不给盗窃分子以可乘之机，可以有效预防和避免学生个人财产遭受损失，有效防止个人财产被盗案件的发生。

（二）校园盗窃的预防

（1）离开宿舍时要关好窗户锁好门，一定要养成随手关窗、随手锁门，并拉上窗帘的习惯，以防盗窃者乘虚而入。

（2）注意保管好自己的钥匙，包括宿舍、箱包、抽屉等各种钥匙，不能随便借给他人或乱丢乱放，以防别人复制后伺机行窃。

（3）加强贵重物品（贵重首饰、笔记本电脑）的保管。对于比较贵重的物品一般不要放在显眼的位置，一段时间不用的应妥善存放。

（4）现金随身携带，不要放在宿舍里。在宿舍现金不要存放过多，留够平时用的即可，做到随用随取。

（5）发现形迹可疑的人应提高警惕、多加注意，如图 2-1 所示。发现可疑人员应主动上前询问，态度应和气，但内容须仔细。如果来人的回答疑点较多，且神情紧张，则要进一步盘问，并要求查看其有效证件。如来人不肯说出真实身份，或其可能携带赃物、作案工具等物品，应尽可能采取措施拖延时间，通知学校安保部门及相关人员。（需注意的几个问题：一是态度始终要和气。二是不能随意对可疑人员进行搜查。三是如可疑人员是盗窃分子，要防止其突然行凶或逃跑。）

图 2-1　校园内要加强安全警惕

（6）如遇盗贼应保持警惕，头脑冷静，急而不乱，随机应变。援兵未到时，应保持距离，将其置于视线之内；与其周旋时，要防止其行凶伤人；一旦无法抓住窃贼，应记住窃贼特征，如年龄、性别、身高、体态、相貌、衣着、口音及其他比较明显的特征，以便向公安机关提供破案线索。

（7）发现宿舍被盗时，立即向公安机关和学校领导报案；保护好现场，不要让无关人员进入被盗的房间，以防破坏现场；如发现存折或银行卡被盗，立即向银行挂失；如实回答公安保卫人员的提问，力求全面、准确；积极向公安保卫部门提供情况，反映线索，协助破案。

🔍 小案例

　　广州某学校女生小林为找工作，买来一份求职报纸，发现了一则家教信息：现急寻一名小学生家教，女生，请联系 130×××。因为是第一次找工作，小林没多想就拨通了这个号码。接电话的男子声称自己是广州市教育委员会公职人员，刚从宁波调到广州工作，妻子是某大学老师，要为正在读小学的女儿找一位女生家教。

　　双方约好，当天下午在学校附近的咖啡店见面。初次见面，小林就发现对方衣服不很整洁，形象也和他自己所说的背景不太符合。不过，善良的小林认为不应该"以貌取人"，也就没多想。

在和小林谈话的间歇，这名男子不停地接听电话，谈话多是与家教不相干的话题。在近一个小时的交谈后，他忽然说自己手机没电，便向小林借了手机，并说："这里太吵，我去外面打，你先坐会儿吧。"可是，他却一去不复返，只留下一个黑色公文包。小林打开后发现里面除了一本小说和装在农业银行卡袋里的几叠收据外别无他物。此时，小林才明白自己受骗了。

请思考

遇到上述情况，如果你是小林，应该如何预防骗局？

二、抢劫抢夺

（一）校园抢劫抢夺的发生

（1）发案时间一般为师生休息或校园内行人稀少，夜深人静之时。

（2）大多数抢劫案件发生于校园比较偏僻、阴暗、人少的地带，如树林中、小山上、远离宿舍区的教学实验楼附近或无路灯的人行道、正在兴建的建筑物内。

（3）抢劫的主要对象是单身行走的人，特别是单身行走的女性。

（4）作案人一般为校内或学校附近有劣迹的小青年，他们熟悉校园环境，往往结伙作案；作案时胆大妄为，作案后迅速逃离。

校园外，学校附近、地下通道、各种偏僻的公园和街巷是针对学生的抢劫案件多发地区，学生放学和返校期间，开学交学费或学校组织春游的到校集合时间都是抢劫案件易发的时段。

（二）校园抢劫抢夺的预防

（1）不要携带贵重物品和过多的现金外出；不要在公共场所暴露自己的钱物。

（2）不要随便和陌生人谈论自己和家庭的情况；不要随便和不熟悉的人到偏僻的地方；不要随便和陌生人交往。

（3）放学后应和同学结伴回家；独自回家时预防坏人尾随入室，及时摆脱可疑人员的尾随。

（4）家里的钥匙和证件、通信录等不要放在书包里；独自在家时应警惕以各种身份来访的陌生人。

（5）不要独自到行人稀少、阴暗、偏僻的地方，避开无人之地；外出时尽量结伴而行；尽量避免深夜滞留在外。

（6）单身行走时不要显露出过于胆怯的神情。

> **小案例**
>
> 　　上海某学校学生小郑正在一辆长途汽车上，突然有3个犯罪分子持刀从车厢前面开始强行对旅客搜身，有两个反抗的乘客被殴打，其他乘客一时不敢起来制止。突然车厢后面站起一位中年人，他右手插在口袋里，毫不犹豫地走到犯罪分子面前，也不吱一声，左手递过去一张纸条。犯罪分子看了那张纸条后，强令司机停车，并迅速下了车。当汽车开到下一站后，人们立即向当地有关部门报了案。车上旅客感到奇怪，是什么原因使3个犯罪分子停止抢劫并下车呢？原来那位中年人递给犯罪分子的纸条上写着："我是持枪逃犯，你们要是再误我的事，就别怪我不客气了。"其实，这位中年人不是什么持枪逃犯，也不是公安人员，身上更没有枪，而是一名普通工人。当他看到坏人行凶时，便用"以毒攻毒"之计，制止了犯罪分子的抢劫行为。
>
> **请思考**
>
> 如果你也在车上，应该如何配合这位中年人？

三、诈骗

（一）校园诈骗的发生

　　校园诈骗案件向来不少，在网络不发达的年代，骗子们基本上只能骗孩子。

　　如今网络发达了，诈骗案件也越来越多了，被骗的对象也从小孩转移到大人。可见，学生和家长的防范意识不强是被骗的关键原因。个人信息频繁泄漏的今天，学生和家长只有不断提高防范意识（图2-2），才能让骗子们束手无策。

图 2-2　新生入学需防范

（二）校园诈骗的预防

1. 提高防范意识，学会自我保护

　　社会环境千变万化，青年学生必须尽快适应环境，学会自我保护。要积极参加学

校组织的法制和安全防范教育活动，多知道、多了解、多掌握防范知识，对于自己有百利而无一害。在日常生活中，要做到不贪图便宜、不谋取私利；在提倡助人为乐、奉献爱心的同时，要提高警惕性，不能轻信花言巧语；不要把自己的家庭地址等情况随便告诉陌生人，以免上当受骗；不能用不正当的手段谋求择业和出国；发现可疑人员要及时报告，上当受骗后更要及时报案、大胆揭发，使犯罪分子受到应有的法律制裁。

2．交友要谨慎，避免以感情代替理智

人的感情是主体与客体的交流，既是主观体验也是对外界的反映，本身应该包含理智成分。如果只凭感情用事、一味"跟着感觉走"，往往容易上当受骗。交友最基本的原则有两条：一是择其善者而从之。真正的朋友应该建立在志同道合、高尚的道德情操基础之上，是真诚的感情交流而不是简单的利益关系，要学会了解、理解和谅解。二是严格做到"四戒"，即：戒交低级下流之辈，戒交挥金如土之流，戒交吃喝嫖赌之徒，戒交游手好闲之人。与人交往要区别对待，保持应有的理智。对于熟人或朋友介绍的人，要学会"听其言，查其色，辨其行"，而不能"一是朋友，都是朋友"。对于"初相识的朋友"，不要轻易"掏心窝子"，更不能言听计从、受其摆布和利用。对于那些"来如风雨，去如微尘"的上门客，态度要热情，处置要小心，尽量不为他们提供单独行动的时间和空间，以避免给犯罪分子创造作案条件。

3．同学之间要相互沟通、相互帮助

在学校里，无论哪个专业、哪个班级，班级总是校园中一个最基本的组织形式。在这个集体中，大家有着同一个学习目标，生活和学习是统一的、同步的，同学间、师生间的友谊比什么都珍贵。因此，相互间应该加强沟通、互相帮助。有些同学习惯于把个人之间的交往看作是个人隐私，但必须了解，有些交往关系，在自己认为适合的范围内适当透露或公开，更符合安全需要，特别是在自己觉得可能吃亏上当时，与同学有所沟通或许会得到一些帮助并避免受害。

4．服从校园管理，自觉遵守校纪校规

为了加强校园管理，学校制定了一系列管理制度和规定。制度是用来约束人们行为的，在执行过程中可能给同学们带来一些不便。但是制度是必不可缺的，况且许多校园管理制度都是为控制闲杂人员和犯罪分子混入校园作案，为维护学生正当权益和校园秩序而制定的。因此，同学们一定要认真执行有关规定，自觉遵守校纪校规，积极支持有关部门履行管理职能，并努力发挥出自己应有的作用。

🔷 小案例

某校新生入学，同宿舍6位学生互相介绍之后，把名字和籍贯张贴在门上，不想却引发了一桩"老乡诈骗案"。一天中午，一个20多岁的年轻人，进门就直呼一个山东籍学生李某的名字，自称是本校同专业三年级的老乡。李某因为异地遇老乡，十

分高兴，其他人也为之庆幸。这个陌生人开口便谈论专业方面的事，更使大家深信不疑。陌生人最后说出"自己因住院手里的钱不够，需要借几百"，正赶上新生手头宽裕，刚才也已经接受了他的长篇大论——"在家靠父母，出门靠朋友"。李某便慷慨解囊，拿出几百元钱。陌生人还依据"亲兄弟明算账"的理论，写下了借条，签上名字和班级。事后，李某去寻找老乡，结果发现根本没有这个人。

请思考

如果是你，会怎样辨别诈骗的行为？

四、敲诈恐吓

（一）校园敲诈恐吓的发生

未成年人容易受到敲诈、恐吓和暴力侵害的重要原因就是缺乏辨别是非的能力和自我保护意识。近年来，中学生被抢劫敲诈的案例比较多，有许多学生诉说自己曾遭受过抢劫、敲诈，甚至搜身和殴打，如图 2-3 所示。这些遭受过抢劫、敲诈的学生，遭劫后多采取"自认倒霉"的态度，有的学生因怕家长担心或责备，更怕受到报复而不敢告诉家长、老师，因此受到更大的伤害。恐吓、敲诈、抢劫是一种犯罪行为，我们应该学会用正当防卫措施来保护自己，以免受到伤害。

图 2-3　校园恐吓

（二）校园敲诈恐吓的预防

1. 不要轻易答应对方的要求

如果有人向你敲诈勒索钱物，而你暂时又无法脱身时，不要轻易答应对方的要求，可以借口身上没钱，约定时间地点再"交"，然后立即报告学校和公安机关。要相信警方、学校和家庭都能为你提供安全的保护，只有这样，坏人才不敢威胁侵害你。如果屈服于对方，使敲诈者轻易得手，他们会永远盯上你这只"肥羊"。某校一名学生遭到外校学生勒索后，不敢声张，拿了奶奶给自己的 1 000 元压岁钱乖乖地交上去，结果到警方破案时，他已经被敲诈了近 4 000 元钱！

2．要沉着冷静随机应变

遭遇陌生人敲诈时要沉着冷静，并想方设法与歹徒周旋，拖延时间，使自己能够看清楚对方的相貌特征和周围的环境，以便自己能从容不迫地寻找脱离险境的有利时机。如果附近有人，可以边大声呼救，边向人多的地方跑，此时歹徒一般会闻声而逃。如果四周无人，呼喊或逃跑都无济于事，可以先答应其要求或交出部分钱物，然后及时向学校老师或公安机关报案。

3．要注意保护自身安全

需要提醒的是：

（1）在未脱离险境的情况下，切不可当着歹徒的面声称要报警，以免引起杀人灭口之祸。

（2）未成年人在遇到抢劫时，如果没有十分的把握，一般不提倡采取正当防卫措施。因为歹徒在实施抢劫前，都经过一番充分的准备，并且手里都持有凶器。而对于被抢劫者来说，从物质到精神上都毫无防备，再加上未成年人势单力薄，通常处于不利地位。因此，从自身安全角度考虑，一定不要鲁莽行事，而要沉着冷静，随机应变，寻找机会脱离险境，尽量避免或减少不必要的伤亡。

4．要及时报案

遭到敲诈勒索以后，要立即向学校、公安机关报告，越怕事，越不敢声张，不法之徒就越嚣张。及时报案，会使不法分子及时受到应有的处惩，会及时制止不法分子的继续侵害，能及时、最大限度地挽回经济损失。

5．不要害怕

不论遇到哪种形式的敲诈勒索或威胁恐吓，都不要害怕，更不要按敲诈者的话去做，更敢于把受到敲诈勒索的事告诉老师。将敲诈者的条子交给老师处理，并到公安机关报案，由公安机关处理。

6．摒弃破财免灾的观念

对付敲诈勒索，我们往往有种观念，即破财免灾。认为只有花了钱，才能够把事摆平，要不花钱，这件事就永远没完。而实际情况却是敲诈勒索者更加肆无忌惮，屡屡伸手。因此，我们对付敲诈勒索，首先要摒弃破财免灾的观念，相信正义的力量，依靠公安机关和法律，勇敢地同坏人做斗争，揭露坏人的阴谋，使其受到法律制裁。

7．巧妙地同歹徒周旋

一旦遇到敲诈勒索者，要沉着、冷静，巧妙地与对方周旋，果断选择时机，充分利用身边的人和物寻求帮助，同时尽快和警方取得联系。只有这样，才能彻底摆脱敲诈勒索者的控制。

小案例

2016年8月20日上午9时，湖南某地公安部门接到辖区内某学校学生小范及家长的报警电话，称其在学校被人敲诈勒索。接警后，民警立即赶赴现场，并找到了该校有关负责人、报警人小范及其父亲。据小范称，8月15日下午，其同班同学小张找到他，称其"老大"是社会青年，想认小范做"小弟"，并称如小范不肯，"老大"就会"对付"小范。当日下午放学后，小范便跟小张来见"老大"，并当场拒绝了他的要求，但"老大"以手头紧为由让小范拿500元钱给他用，并保证拿到钱后就不再找小范麻烦。小范抱着破财消灾的想法，便交了500元钱给"老大"。哪知事情并未就此结束，8月19日早上，小张再次找到小范索取钱财，小范无奈又给了他200元。因无钱吃饭，小范将事情告知家长，其家长随后报警。

20日上午，公安部门查处了这个敲诈勒索学生钱财的7人团伙，其中以社会青年李某为首，并涉及3所在校学生共6人。他们经常带刀到学校附近威胁学生交纳"保护费"，勒索多名学生钱财。若有不从，便威胁要教训对方。

请思考

如果你是小亮，应该怎么办呢？

第二节　社会安全

社会整体的安全程度取决于一个国家的社会发展程度。经济发展速度、社会公平程度、政治体制、历史文化原因等都有可能对社会安全产生影响。当我们关注社会安全问题对学生安全教育的重要性时，实际关注的是其中的安全风险及防范。

一、传销陷阱

（一）校园传销的发生

随着传销活动的猖獗和蔓延，传销组织已经将黑手伸向校园。近年来发生在校园内的一系列传销事件，不仅扰乱了学生正常的教学和生活秩序，也严重影响了学生的身心健康。他们利用青年学生涉世未深、急于就业、渴望成功等心理特点，拉拢学生加入"传销"组织，如图2-4所示。一些学生在实习或寻求职业时上当受骗，个别学生甚至被传销组织控制，传销活动呈现出向学校进一步渗透发展的趋势。

图 2-4　利诱学生进入传销组织

（二）校园传销的预防

1. 要积极开展主题宣传教育活动，提高学生防范传销的意识和能力

教育部门和各大中专院校要充分发挥课堂教学的主导作用，把主题宣传教育活动同讲授《思想道德修养与法律基础》课程、加强"形势与政策"教育结合起来，采取专题讲座、形势报告等灵活多样的教学方式，帮助学生了解传销的危害，教授他们防范传销陷阱的基本知识，以及打击传销的政策与法律法规。要把防范传销作为新生入学教育、毕业生就业指导和离校教育的重要内容，组织开展有声有色、入心入脑的专题教育。充分运用广播电视、校报校刊、校园网络等各种载体，通过召开座谈会、散发宣传资料、组织专题展览等多种形式，营造抵制传销的良好氛围。各级工商、公安机关要积极主动地参与和指导主题宣传教育活动，要以宣传《禁止传销条例》和《直销管理条例》为重点，把讲解专业知识、剖析典型案例、组织受骗人员现身说法等生动直观的教育方式结合起来，引导学生增强识别传销的能力，自觉做到知法、懂法、守法。根据需要，定期选派执法人员深入大中专院校开展专题讲座。

2. 要加强校园安全管理和学生管理，防止传销向校园渗透

教育部门和各大中专院校要把创建"无传销校园"工作同安全文明校园建设工作、加强维护校园稳定工作结合起来，纳入学校安全责任制和安全管理工作制度，分解落实到人、落实到每项工作和每个环节。加强对校内讲坛、论坛、讲座和报告会等的管理，加强校园安全巡逻，严禁任何传销组织及人员在校园内进行任何形式的宣传、蛊惑及诱骗活动。在日常工作中发现学生参与传销活动，及时向公安机关、工商行政管理机关反映，配合做好调查处理工作。充分发挥思想政治工作队伍的作用，组织辅导员、班主任深入学生班级、宿舍，及时了解和掌握学生思想动态，一旦发现学生有参与传销的苗头，及时教育阻止。充分发挥党团组织在教育、团结和联系学生方面的优势，注重依托班级、社团、学生会等组织形式，引导学生自我教育、自我管理、自我服务，把抵御传销的外在要求内化为学生的自觉行动。针对寒暑假及学生开展社会实践、联系工作等重点时段，突击传销活动相对集中的重点地区，采取切实可行的措施

方法，加强对外出实习学生、毕业班学生等重点学生群体的教育和管理。做好受骗参加过传销活动学生的教育、安抚工作，消除不良影响和隐患。对极少数不服从教育管理，多次参加传销活动或在传销活动中起重要作用的学生，按照学生管理规章制度，给予必要的纪律处分。

3. 要建立校园防范、打击传销信息交流机制，形成防范传销监管网络

工商行政管理机关、公安机关、相关院校要成立联合办事机构，定期召开会议，研究传销形势；建立一个以校园人员为主要内容的综合信息平台，实现计算机信息化管理，推动构建校园监管体系。加强对校园人员的管理，对参与传销活动的人员建立信息档案并加强监管。

4. 要建立校园防范、打击传销快速反应机制，严防传销进入校园

工商行政管理机关和公安机关要继续开展联合执法，加大对诱骗学生参与传销行为的打击力度，集中力量查处大案、要案，严惩组织者和骨干分子，摧毁销售网络。要会同教育行政部门和学校，坚持以教育为主，把做好受骗学生的解救工作放在突出位置，采取一切必要措施，尽早、尽快解救被传销组织控制的学生，确保学生的人身安全。

5. 要落实责任、加强督导和情况收集报送工作

各部门要制定专门的方案，落实责任制，主要领导亲自部署，分管领导主抓，层层抓落实，形成工商、公安、学校横向配合，学校、教师、学生纵向联动的工作格局。同时，要加强督促检查和考核，推动工作落实。要定期联合对学校学生参与传销情况进行摸底排查，发现线索和问题及时上报。

小案例

哈尔滨某学院女学生小王、小林和男学生小周均为应届毕业生。

2015年寒假开学后，毕业生中有一些同学到外地联系工作，有的在实习、见习，有的在联系面试、试讲等工作，因此经常需要向学校请假。开学第三周老师发现，小王连续请假已超过两周，联系过程中该生一直称她在外地等待试讲，且平时联系以短信为主。老师发现她有可疑之处，与其家里联系，其家长也称她在外地找工作。后经证实，小王开学后被其亲戚骗至南宁市参加了传销组织，被"洗脑"后欺骗老师说在青岛找工作，后来又欺骗同学到南宁市。

一周后，其同学小林请假去找工作。实际是被小王骗至南宁参加传销组织。小林到南宁后，所有证件被没收，被强制听传销课程，进行"洗脑"。小林先后将从家中骗来的近2万元现金交给传销组织，后又编造理由将其同学小周骗至南宁。在此过程中，学校老师多次与小王、小林联系，但她们都以找工作为理由续假。小周头脑清醒，意识到自己已上当受骗，身陷传销，便伺机逃离。第一次逃离被发现，未能成功；第二次，

他趁看守人员不备，乘出租车逃走，后返校。返校后，小周向辅导员老师报告了情况，确定三人确实参加了传销组织。

此时老师通知小王立即返校，但小王仍然不肯返校。与其家长联系，家长仍不知实情，老师向其家长讲明学校规章制度，说明离校超过一定时间视为自动退学，其家长才意识到问题的严重性。家长及亲戚与小王多次联系未果后，到南宁将小王救出，并送回学校。

请思考

如果是你，会怎样劝说小王离开传销组织？

二、邪教侵害

（一）校园邪教侵害的发生

邪教是当今社会的一大公害。自 20 世纪 70 年代起，世界范围内涌现出大批邪教组织，他们相继制造了一系列骇人听闻、惨绝人寰的集体自杀和攻击社会的事件，引起了国际社会的广泛关注。其中有同学们比较熟悉的日本"奥姆真理教"所制造的地铁沙林毒气事件，造成 12 人死亡，5 500 多人受伤。同样在我国境内，"法轮功""呼喊派"等邪教组织或打着"气功"的旗号，或打着"宗教"的旗号，歪曲宗教教义和我国传统文化，编造歪理邪说，蒙骗群众，藐视法律，危害了人民群众正常的生产生活秩序，影响了社会稳定。因此，青少年一定要努力学习辨别邪教的基本知识，掌握邪教的基本特征，提高自己识别和防范邪教的基本能力，从而有效地拒绝邪教势力对校园的侵蚀。

（二）校园邪教侵害的预防

1．清楚了解党和国家对邪教的基本政策

对大多数受骗上当的群众，坚持团结、教育、挽救的方针；依法严厉打击极少数邪教头目和骨干分子。

（1）《中华人民共和国宪法》规定：中华人民共和国公民有宗教信仰的自由。同时指出，任何宗教组织和教徒不得在宗教活动场所以外布道、传教、散发传单和宗教书刊。

（2）《中华人民共和国刑法》（以下简称《刑法》）规定：组织和利用会道门、邪教组织或者利用迷信破坏国家法律、行政法规实施的，处 3 年以上 7 年以下有期徒刑；情节特别严重的，处 7 年以上有期徒刑。组织和利用会道门、邪教组织或者利用迷信奸淫妇女、诈骗财物的分别依照《刑法》第 236 条、第 266 条规定定罪处罚。

（3）最高人民法院、最高人民检察院也先后就办理邪教组织犯罪案件作出了司法解释，为取缔打击邪教组织提供了有力的法律武器。《中华人民共和国治安管理处罚法》规定：组织、教唆、胁迫、诱骗、煽动他人从事邪教、会道门活动或者利用邪教、会道门、迷信活动，扰乱社会秩序，损害他人健康活动的处 5 日以上 15 日以下拘留，可以并处 1 000 元以下罚款。

2．增强防范和抵制邪教的免疫力

在复杂多变的国际形势面前，在推进改革开放和现代化建设的历史进程中，青少年要努力学习科学文化知识，树立正确的世界观、人生观、价值观。用习近平新时代中国特色社会主义思想构筑自己的精神支柱，大力弘扬和倡导科学精神，才能切实增强防范和抵制邪教的能力。

（1）全社会（家庭、学校、社区等）要高度重视同邪教组织进行斗争，创造一个良好的环境，让青少年一代拒绝邪教、远离邪教。

（2）要加强责任意识教育和法制意识教育。学会对自己、对家庭、对社会负责，从思想上筑起防范和抵制邪教的堤坝。开展反对邪教、破除迷信、崇尚科学、传播文明的活动，以科学的思想抵制邪教。

（3）社会、学校、家庭共同努力，齐抓共管，净化学习、生活、成长环境，形成打击邪教、保护青少年的有效机制。

3．热爱生命、远离邪教

（1）以科学的态度，树立正确的世界观、人生观和价值观，只有确立健全的人格，才能自我保护，免受伤害。

（2）培养自己的健康人格是十分重要的事情。具有科学的自我保护知识与方法，才能减少成长的烦恼，抵御各种邪教迷信及各种丑恶的侵蚀，从而更好地把握自己、发展自己、有效地发掘自身潜能，以提高生活的质量。

（3）珍惜和热爱生命，每位做家长的、做老师的，都有责任关怀并帮助学生重视人格教育，把培养健康人格品质当作师生的共同目标，解决创造力、自信心等基本问题。健康人格不仅是心理健康的重要指标，也是心理健康的重要资源。对每个人来说，无论是成人还是学生，都应对自己的心理健康负责。只有具备健康人格的人，才不必借助什么"救世主"或邪教来支撑自己。

4．防范和抵制邪教的具体措施

（1）要树立科学的世界观、人生观、价值观，学会用马克思主义的立场、观点和方法分析认识事物。破除迷信，普及科学知识，坚持科技致富、勤劳致富的理念。

（2）要正确认识邪教与传统宗教的区别，自觉抵制邪教的传播。

（3）积极检举揭发邪教的违法犯罪活动，发现邪教人员从事地下活动并制作、传播、散发、张贴反动宣传品及秘密串联聚会等活动时，及时拨打 110 报警或到当地派出所报案。

小案例

2007年10月，厦门市公安机关一举捣毁某邪教组织在同安区小坪山的非法聚会点，当场抓获涉嫌参与邪教非法聚集活动的人员42名，其中有7所大中专院校在校学生29名。经查，该邪教组织就是用小恩小惠的手段，以免费提供食宿、到郊外游玩、参加所谓"圣经诗歌会"的名义，引诱高校在校学生参加聚会活动。通过多次"诵经"，参与组织的聚集活动，使学生主动或自觉填表入会，达到在学生中发展成员的目的。这个邪教组织不仅要求内部人员积极向校园渗透，还通过已在学生中发展的骨干人员，利用学生发展学生，拉拢其他学生入会，不断扩充势力，企图做大成势。

请思考

为什么邪教组织会逐步向校园渗透？

安全训练

课外组织"四防"知识大赛

训练步骤

01 制作竞赛规则方法 → 02 设计抢答、必答题，及队际间辩论等形式 → 03 公开竞赛 → 04 现场打分 → 成绩判定

训练形式

课外施行，以系为单位，以学生会为主，系学办、保卫处协助。

（1）以班级为单位，选拔竞赛代表。

（2）学生会组织安排时间、地点、竞赛规则、方法。

（3）保卫处、学生办共同设计出题。

（4）组建评判组。

（5）现场录像，根据表现给班级整体打分和优秀个人加分。

第三章

校园与求职安全

📖 学习目标

1. 了解校园与求职安全的内涵和意义。
2. 掌握校园安全管理的要求，理性参与各种校园活动。
3. 熟练掌握求职过程中自我保护事项的应用。
4. 熟练掌握求职过程中安全保护方法。
5. 注重安全意识的培养。

🔔 安全警句

1. 娱乐不忘安全，活动追求快乐。
2. 技术天天练，事故日日防。
3. 就业会有陷阱，贵在自我清醒。

第一节　校内集体活动

集体活动是学校教育教学活动的重要组成部分，是校内教育的延伸和扩展。但举办者一旦疏于管理，安全意识不强，侥幸办事，就可能出现突发事故。

一、校园集体活动突发事故

学校组织学生进行集体活动，如果组织不当，造成秩序混乱，极易发生校园踩踏事故。踩踏事故一旦发生，即是大规模的、恶性的，所造成的影响也是巨大的，如图 3-1 所示。

图 3-1　踩踏事故

二、校园集体活动突发事故预防

（1）参加学校组织的集体活动，要遵守时间，按时集合，以免耽误集体行动。

（2）服从现场老师指挥，听从指挥人员的安排，按照规定的顺序就位、疏散、退场，如图3-2所示。

图3-2　集体活动要听从指挥

（3）进入集体活动地点要有秩序地排队入场，通过狭窄通道要放慢脚步，不要推挤。

（4）集体活动进行中，要自觉遵守有关规定，维护公共场所秩序；遇到少数人起哄、煽动闹事等情况，不要盲目跟从。

（5）上下楼梯或在走廊穿行时，要依序慢行（图3-3），切忌推搡打闹或前后拥挤成团；行走在桥梁、楼梯、楼道上，不能齐步走，以防行走频率暗合建筑结构固有频率而使桥塌、楼垮。

图3-3　上下楼梯依序慢行

（6）不要在集体活动场地乱摸乱动、乱涂乱画，毁坏花草树木。

（7）在活动过程中，要求学生互相留意旁边的同学，不要走散。有事离队要向老师请假，并保证两人以上结伴同行。

（8）在活动过程中，要自觉维护环境卫生，管好自己的物品，做文明学生，不乱丢垃圾，不乱抛物品。

（9）活动结束后，清理所带物品，垃圾要放在指定位置，不要随意丢弃。

（10）观看体育比赛，必须牢记"五不准"：不准情绪失控；不准扰乱秩序；不准高声叫骂；不准乱扔东西；不准冲入比赛现场。

（11）若发生拥挤或遇到紧急情况时，应保持镇静；若周围人群处于混乱时，不要盲目跟随移动，在相对安全的地点短时停留，以保证自己不被挤伤；注意观察地形，寻找"安全通道"或"应急出口"标志，确定方位，随时做好疏散准备。

（12）注意收听广播，听从工作人员指挥调动，服从现场工作人员引导，尽快从就近的安全通道或应急出口撤离，切勿逆着人流行进或抄近路。撤离时要注意照顾好老人、妇女、儿童，为他们疏通道路。

（13）如暂时不能撤离，可以寻找安全的地方躲藏，注意现场新情况、新变化，不要贸然采取危险方法逃生，如跳楼、跳水等方式。

（14）出现踩踏等事故时现场迅速启动事故应急预案。迅速向公安、消防、安监、技监等应急部门报告，并保持密切联系；消防等部门人员到达现场后，配合这些部门指挥应急救援工作。

（15）及时向家长、社会通报事故情况，安抚公众情绪；根据上级主管部门的授权，向新闻媒体公布事故情况。组织人员进行事故原因调查和善后工作。

小案例

2006年11月18日晚，江西省都昌县某学校发生一起学生拥挤踩踏事件，致使6名学生死亡，90余人因受伤、受惊吓住院。18日晚8时30分，该校一年级学生在上完晚自习下楼时，因拥挤踩踏造成人员伤亡，有6名学生在送往当地医院抢救途中死亡，90余人因受伤、受惊吓被送往都昌县医院、县中医院治疗观察，11名伤势较重的学生被送往九江市第一人民医院救治。事发时，带班老师正集中在办公室批改期中考试试卷。

请思考

如果你是该校的一名学生，正在事发现场，应该如何做？

第二节　校外公共场所活动

一、校外公共场所活动突发事故

体育场馆、人防工程、公园、商场、影剧院、歌舞厅等人员密集的公共场所，一且发生混乱或骚动，极易造成群死群伤的严重事件，造成不良的社会影响，如图3-4所示。

图 3-4　公共场所突发事件

二、校外公共场所突发事故预防

（1）进入体育场馆、人防工程、公园、商场、影剧院、歌舞厅等人员密集的公共场所，要提前观察好安全通道、应急出口的位置。切勿堵塞安全门，或在安全通道上堆积杂物，确保消防设施完备符合应急要求。

（2）参加户外大型活动时，要提前观察该活动区域的地形，尽量远离不安全区域，尽量跟随人流有序行进。

（3）进入体育场馆观看体育比赛，应自觉遵守球场、球馆规定，维护赛场秩序。遇到少数人起哄、煽动闹事等情况，不要盲目跟从。

（4）进入体育场馆观看体育比赛前，注意观察活动现场情况和识别警示标志，做到心中有数；要有意识地了解现场安全通道和出入口的位置，在发生危险时要尽快从最近的安全出口撤离。

（5）进入体育场馆观看体育比赛时，尽量远离栏杆，以免栏杆被挤断而伤及自身。

（6）平时要注意检查人防工程中的烟火报警器，保证其功能有效；还要有防火隔断区。

（7）汛期前应清理人防工程周边地区排水沟内的杂物，保证排水通道畅通。

（8）公园、商场、影剧院、歌舞厅等人员密集的公共场所发生拥挤或紧急情况时，应保持镇静，在相对安全的地点短暂停留。

（9）注意收听广播，服从现场工作人员引导，尽快从就近的安全出口有序撤离，切勿逆着人流行进或抄近路。

（10）发生球场骚乱时，应避免在看台上来回跑动，要迅速、有序地向自己所在看台的安全出口移动。

（11）在球场时，若自己周围人群处于混乱时，不要盲目跟随移动，应选择安全地点停留（如待在自己的座位上），以保证自己不被挤伤。

（12）在人防工程内遇到火灾，应用衣物、手帕等捂住口鼻，低姿、快速有序地沿着地面或按照侧墙有安全疏散标志指示的方向疏散。

（13）若被火困在人防工程内，应通过不断敲击水管或打电话等方法求救；在有采光窗井的地方，也可进入窗井，并通过窗井向外界呼救。

（14）人防工程如发生倒灌，应及时关闭下水管阀门。

（15）体育场馆、人防工程、公园、商场、影剧院、歌舞厅等人员密集的公共场所发生突发情况疏散时，要注意礼让身边的老人、儿童、妇女等弱势群体，为他们疏通道路。

（16）迅速向公安、消防、安监、技监等应急部门报告，并保持密切联系；消防等部门人员到达现场后，配合这些部门的应急救援工作。

小案例

2014年12月31日23时35分，正值跨年夜活动，因很多游客、市民聚集在上海外滩迎接新年，陈毅广场东南角通往黄浦江观景平台的人行通道阶梯处底部有人失衡跌倒，继而引发多人摔倒、叠压，致使拥挤踩踏事件发生，造成36人死亡，49人受伤。

请思考

从以上事件中，你得到什么启示？

第三节　校内实验实训活动

一、校内实验实训活动突发事故

实验实训是对学生进行技能训练的重要环节，但由于很多仪器设备的操作有很强的技术性，有些实验物品易燃、易爆或具有腐蚀性。因此，在实验、实习过程中常会发生一些意外的中毒或伤害事故。

二、校内实验实训活动突发事故的预防

为了确保实验实训安全，要遵守实验安全制度，同时做好"十防"：防火、防爆、防磁、防电、防伤、防噪、防毒、防病菌、防腐蚀、防放射性辐射。

（一）防火

严格遵守各项安全管理规定、安全操作规程和有关制度。

（1）使用仪器设备前应认真检查电源、管线、火源、辅助仪器设备等情况。

（2）严禁非实验用火，不在实验实训场所吸烟，高压容器要有固定装置，易燃物品要远离火源和电源，电热设备必须放在阻燃基座上并由专人使用，严禁使用非实验用电设备及高瓦数灯泡。

（3）仪器设备使用完毕应认真进行清理，关闭电源、火源、气源、水源等，还应清除杂物和垃圾。

（二）防爆

实验实训涉及使用易爆危险品时，一定要注意防爆安全规定，按照规定一丝不苟地进行操作。用剩的化学试剂，应送规定的安全地点存放。

（三）防毒

实验实训中，有时要接触和使用一些有毒的物质，要戴防毒口罩或面具，如图 3-5 所示。施洒农药时，应尽量站在上风处。

图 3-5 实验室防毒面具

（四）防触电

仔细检查供电线路是否符合安全用电的规范要求，发现问题应及时处理。不要用湿手操作各种电器开关或触摸各种电器，最好穿橡胶底鞋进入实验室。更换保险丝时，不得使用超过规定的保险丝，更不能用铝、铁、铜质导线来代替保险丝。

（五）防伤

为了预防不应有的割伤、烧伤和烫伤发生，应注意做到以下几点。

（1）使用玻璃仪器时，一定要轻拿、轻放，防止碰击。

（2）通电的电热器不要随意搬动；放在液体里的电阻丝，当电源接通时，不要从液体中取出。

（3）用电炉加热，容器中的液体不可装得太满，以免易燃品溢出落在炉上燃烧。

（4）在做有关水的沸腾等实验时，不要使蒸汽出口对着人体。

（六）防菌

学生在做生物实验或生化实验时，常常会接触微生物，如操作不慎，很容易感染致病。因此，要注意做好防感染。

（1）要穿上隔离衣，戴好卫生帽、卫生口罩和胶皮手套。做解剖实验时，要尽量借助仪器操作，不要用手直接接触解剖材料。

（2）必须用手时，一定要剪短指甲；若手有外伤，则不能进行解剖操作。

（3）微生物实验时，要小心仔细，严格按操作规程进行。如果万一遇到盛菌试管或试瓶不慎打破、皮肤破伤或菌液吸入口中等意外情况，则应立即报告老师，及时进行处理，切勿隐瞒。每次实验完毕后，都必须把所有仪器洗净放妥，将实验室收拾整齐。凡带菌的工具，在洗涤前，须浸泡在 3% 来苏尔液中进行消毒。每次实验需要进行培养的材料，应标明自己的组别及处理方法，放在指定的地点。实验室中的菌种和物品等，未经老师许可，不得携带出室外。离开实验室前将手洗净，并对所有防护用具做消毒处理，定点存放。

（七）防放射性辐射

为了防止放射性危害，应采取下列措施。

（1）尽量缩短接触放射性物质的时间，这是防止放射性伤害的最有效措施。

（2）放射源应置于固定存放地点并加强屏蔽保护，用后应立即归还原处。

（3）任何形式封装的放射源，均不能用手直接接触，应使用专门的镊子、托盘等取源，用毕应归还原处。

（4）操作时，应佩戴防护手套、防护口罩和防护服，操作结束后应立即冲洗干净。

（5）放射性液体需要在通风柜中操作，粉末态放射源则应在手套箱中操作。

（6）若遇有放射源跌落、封装破裂等意外事故发生，则应及时报告。

（八）防噪

噪声最有效的措施就是控制声源。例如调整平衡，在摩擦处加润滑油或用弹性耦合、安装消声器等。噪声个人防护，主要是用声衰材料制成耳塞等护耳器或戴头盔，以降低噪声对人耳的刺激。

（九）防腐

遵守实验室规定，防止化学液体溅出，灼伤人体。

（十）防磁

存放带有磁性的物品时，防止磁性仪器失磁，防止仪器着磁。两个以上的条形磁铁、磁针也要本着同极相斥、异极相吸的原则，科学合理存放。在实验中防止磁化和磁干扰。如蹄形磁铁极间要放衔铁，使其构成磁回路。各种磁性仪器，要远离热源，还要与音像磁带、工具和零件分开存放。

> **小案例**
>
> 山东省某化工学校有一座化学实验室，设施简陋，没有安装进行化学实验所必需的通风设备，室内微小的气体循环也不畅通。2016 年 6 月的一天，一个班级的学生在该实验室做有毒化学实验时，时间不长即有一名同学发生不良反应，但并没有引起大家的注意。继而，又有几名同学有同样的反应。最后，共有 12 名学生中度中毒，多数学生和化学教师轻微中毒。这时，大家才意识到这是有害气体中毒了。
>
> **请思考**
>
> 从这次事故中，你认为该校在预防实验实训突发险情方面，应该如何进行改进？

第四节 校内体育活动

一、校内体育活动突发事故

学生在上体育课或课外进行体育活动时，一定要注意安全，避免运动损伤。常见的运动损伤有：擦伤、撕裂伤、挫伤、肌肉拉伤、关节扭伤、骨折、脑震荡等。造成运动损伤的原因是多方面的，如思想麻痹大意、准备活动不充分、技术动作不当、运动量过大、身体疲劳或情绪低下、场地不平等。

二、校内体育活动突发事故的预防

（1）上体育课和进行体育活动时，一定要按老师的要求穿运动鞋和运动服，衣服兜里不要装硬物；做好充分的准备活动，活动全身关节筋骨，防止身体因没有活动开，肢体僵硬，导致拉伤或器械碰伤、撞伤。

（2）在体育课和体育活动过程中，要遵守纪律，听从体育老师指挥，在老师指导下使用体育器材，规范动作要领。

（3）体育活动时要尽量选择平整的场地；如果在不平整场地活动时，要始终保持脚踝一定的紧张度，防止踩踏在不平地方，造成扭伤。

（4）参加投掷项目活动时，一定要按规定的方向投掷，要注意观察器械下落地区有无人员通过，在确认安全后再将器械投出；一些通过旋转技术投掷的器械，一定要在有护笼的场地进行投掷。

（5）使用单双杠、杠铃等器械进行活动时，要先检查器械的螺钉、卡扣等是否牢固，避免发生意外。

（6）进行球类运动时，不要强迫自己做没有练习过的动作；要防止头顶足球时砸在鼻子或眼睛上，使鼻子出血、眼睛撞伤；防止打篮球抢篮板时手指挫伤，打排球传球时手指扭伤等。

（7）参加跑类运动时要选择比较松软的衣服、运动鞋，防止在跑步中磨破皮肤或脚趾。

（8）参加滑冰或滑雪运动时，要注意在失去平衡时顺势摔倒、团身，保护自己；不要用硬力对抗，防止由于冰刀、雪杖的碰撞、击打而意外受伤。

（9）要学会自我保护：练习危险动作要有教练或有经验的保护者进行保护；在单项有身体接触的比赛中，不与各方面条件有极大悬殊的对手进行对抗；对自身易伤和较弱的部位要格外小心，加强保护；不使用已损坏的器械进行锻炼；不在场地条件太差的地方活动。

（10）游泳要注意以下事项：

①要了解游泳场所的情况，确认是否安全；要结伴而行，最好有懂水性的人一同前往游泳场所。

②入水前做好准备活动，如徒手操、慢跑和模仿游泳动作等练习；活动身体，适应水温，然后再下水游泳。

③学习游泳时一定要由浅入深，循序渐进，逐步完成各个环节，从熟悉水性、漂浮、换气、划水，到学会一种泳姿后，再学习其他泳姿。

④游泳过程中严禁在水中打闹、嬉戏，防止呛水；若出现身体不适，应立即离开泳池，上岸缓解或接受救护。

⑤一般不要到江河、湖泊、水库、池塘等自然水域里游泳，更不要到禁止游泳的水域游泳，避免发生意外，如图3-6所示。

图 3-6 游泳水域限制

⑥游泳时间不宜过长；游泳之后要注意清洁卫生，如有淋浴设备，应将身体冲洗一遍。

⑦一般人最好不要在冬季游泳。

小案例

2015 年 12 月 15 日，山西某高校的小足球场地，球门是可以挪动的。几个学生在球场活动，因为守门学生把球开出很远，在其他同学追球之际，守门学生突然跳起，抓住球门上的横杠当单杠做引体向上等，结果突然球门倒下，砸在其脑后，导致学生当场死亡。

请思考

除了上述案例中的情况，你还能想到哪些校内活动中需要预防的突发事故？

第五节 校外社会实践活动

一、校外社会实践活动突发事故

学生参与的校外社会实践活动，比较普遍的是家教、短期打工等勤工俭学、社会调查活动。这些活动增长了学生知识，提高了自立能力。但是，由于学生思想比较单纯，对错综复杂的社会情况还认识不深，很容易受到不法侵害。那么，该如何有效地预防与减少安全危机的发生，是安全教育中一项重要的内容。

二、校外社会实践活动突发事故的预防

（一）社会调查活动

每到假期，学校经常组织青年学生结合专业到农村、工厂开展社会调查活动。由于需要到外地乘车，并且吃、住、行都需要自己安排，所以应注意以下事项。

（1）乘坐火车、汽车、轮船、公交车等交通工具或走路，要注意上下车（船）的安全和遵守城市交通规则，避免发生交通安全事故。

（2）随时随地要提高警惕，保管好自己的财物，做好防盗、防诈骗、防火灾，避免发生安全事故。

（3）不要露天住宿，要住在安全的旅馆或可靠的人家里；人员走失时，要及时电话联系，或事先确定集合的地点和时间。

（4）要注意饮食卫生，预防食物中毒，防止病从口入；不要到无照饭店和小摊就餐；不要购买"三无"食品和食用过期的食品和饮料；要讲究个人卫生和保持公共环境卫生。

（5）开展社会调查，要学会与人交往，谈话态度要和蔼；问路问事要有称谓，进行调查时要讲文明礼貌，问话客气；要注意听被调查人介绍情况，要谦虚谨慎。

（6）女学生外出进行社会调查时，要注意穿戴不要太奇特、太暴露；夜间外出要结伴而行，要尽量走明亮、往来行人较多的大道；尽量不让陌生人带路；就寝时应关好门窗，夜间到室外上厕所要格外注意安全。

（7）不提倡个人外出开展社会调查；若确需进行，要事先通报学校，由学校和调查地有关部门联系，请他们协助开展调查，并帮助处理有关事宜。

（二）勤工俭学

青年学生参加家教、短期打工等活动要注意以下几点。

（1）参加勤工俭学活动的学生，应自觉学习与遵守相关法律、法规，如《劳动法》《合同法》和《税法》等，学会依法保护自己的合法权益。

（2）青年学生要尽量在校内勤工俭学，或者通过学校勤工助学服务中心推荐参加，并尽可能到学校有关部门登记，同时学习、掌握有关安全常识。

（3）参加勤工俭学时，要尽量签订工作协议。签订时，应仔细研究对方提出的要求和协议中的条款，不要匆忙允诺或签字，防止上当受骗。

（4）青年学生勤工俭学来回路上要注意遵守交通规则，避免发生交通事故。

（5）青年学生勤工俭学时要注意文明礼仪、自我保护；不要随意动用雇主家的物品，不要住在雇主家里，避免发生意外。

（6）识破虚假广告真面目，以防上当受骗。"高薪诚聘"是小广告中的诈骗"典范"，其主要手段是以收取押金为名进行诈骗。青年学生不要因为高薪诱惑而轻信广告宣传，

以免上当受骗。

（7）青年学生勤工俭学时，要遵纪守法，要讲诚信，不能做违法的事情；对家长和打工单位负责人提出的无理要求，应坚决予以抵制。

（8）如果利用晚上的时间到校外从事家教或其他勤工俭学活动，在第一次正式工作之前，一定要熟悉一下周围环境，走夜路时尽量走有路灯的大道，要注意交通安全。遇到恶劣天气最好乘坐公共汽车。冬季路上还有冰雪，更要小心。

（9）利用寒暑假打工，在校外租房的同学，一定要坚持签订房屋租赁书或协议书，越细越好。

（10）男生在假期从事以体力劳动为主的勤工助学工作时，如到建筑工地做小工等重体力劳动，要注意人身安全，千万不能疏忽大意。

（三）顶岗实习

顶岗实习期间，学生应提高安全意识，严格遵守国家的相关规定和实习单位的规章制度，严防各种火灾、偷盗、被骗、交通事故的发生，做好各项安全工作。

（1）顶岗实习过程中，青年学生可能从事许多不同的工作，各种行业或多或少，都存在一些安全隐患。工作伊始，非常有必要增强自己的安全意识，以保证自己的生命、财产安全和身心健康。

（2）要尽快熟悉所从事职业岗位的工作特点，严格遵守各种劳动安全操作规程，积极向专家、管理人员或老同志学习劳动安全基本常识，努力提高专业工作技能，从根本上杜绝劳动安全事故的发生。

（3）获得劳动保护是每个人都拥有的权利，青年学生有权要求改善劳动条件和加强劳动保护，保障自己在生产劳动过程中的安全健康。要求用人单位必须建立健全劳动安全制度，严格遵守和执行国家的劳动安全标准和规程，为青年学生提供符合国家规定的劳动安全条件和必要的劳动防护用品，并采取各种有效措施预防或减少职业危害。

（4）注意防盗窃。顶岗实习要往返学校与实习地点，路途中要注意保管好自己的钱物，贵重物品一定要随身携带，不要随意放弃；要注意观察周围人员的情况，不要长时间睡觉；同学之间要相互照应，轮流看管行李物品。在实习单位，平时要注意钱物保管，身上不要携带大量现金，最好及时存入附近银行，办理银行卡，便于携带保管。

（5）注意防抢劫。顶岗实习期间，一般不要单独外出，确需外出办事时，最好两个以上同学一起出行；外出办事尽量走人员较多的道路，不要走人员稀少、背街的小巷，以免被劫。

（6）注意防诈骗。在当今社会，犯罪分子通常采用欺骗和敲诈勒索的手段来作案。不要受他人虚假言行的迷惑，信以为真，受骗上当。

（7）注意避免交通事故。在顶岗实习期间，只身在外，学校和老师无法顾及，自身要严防各种危及安全的事件发生。

小案例

在校学生小秦期末考试结束后，在本地某餐饮连锁店找了一份暑期兼职的工作。初次迈入社会的小秦很兴奋，没有跟店老板签订书面协议，就开始了工作。一次上菜时，小秦不慎因地面的油渍滑倒，脚踝轻微骨折，手臂也被端着的热菜烫伤。店老板垫付了小秦入院时的部分医疗费后再无下文。因为没有签订任何协议，小秦也不知该如何证明自己受伤与在该店工作有关，至今索赔未果。

请思考

小秦在校外兼职，有哪些方面做得不好？如果你是小秦，会注意哪些方面？

第六节　求职就业过程安全

一、求职就业过程安全事故

求职时不要急于求成，更不要轻信宣传鼓动，要有冷静的头脑和锐利的眼光，对求职时可能遇到的"陷阱"，应保持必要的警惕。

有的就业陷阱待遇优厚，仿佛"天上掉下馅饼"，很容易吊起一些大学生的胃口；有些就业陷阱带有"经理助理、市场总监"的光环，很容易满足一些大学生的虚荣心，其实类似职位有时就是一个无效的符号；有些就业陷阱是在你兴高采烈之际，拿出事先准备好的合同，请你签字，由此钻进圈套。

二、求职就业过程中的安全事故预防

（一）抑制贪欲

大学生虽然属于高智商群体，但也有个人的私欲。私欲的膨胀会使人头昏脑涨，降低鉴别力。大学生必须认识到自己在岗位技能上有所缺失，这就是为什么用人单位设置"二年工作经验"的原因。因此，在没有实际工作技能的情况下，高薪工作待遇只能是一厢情愿，出乎意料的惊喜，一定是需要你在其他方面付出代价的"诱惑"。

大学生一定要抑制贪欲，"世界上没有免费的午餐"。

（二）正规渠道应聘

学校组织的招聘会，可能工作岗位不理想，但至少安全，基本生活有保障。社会上有人才市场，正规公司也不会去场外招人。因此，千万不要相信人才市场外的比正规公司待遇高的公司。当你到豪华车里谈具体事项时，没准已经是被"色狼"盯住的猎物。

（三）抵制传销

传销是指组织者或经营者发展人员，通过被发展人员及其直接或间接发展的人员数量或者销售业绩为依据计算和给付报酬，或者要求被发展人员以交纳一定费用为条件取得加入资格，牟取非法利益，扰乱经济秩序，影响社会稳定。

🔍 小案例

学生小马几天前在某招聘网站上看到一家酒业公司招聘短期兼职的信息，与之联系后，对方同意小马暑假期间在该公司做兼职，工资 100 元一天。但要求小马入职前要交纳 300 元押金，说其中 200 元是工作服的押金，另外 100 元是担保小马按时上班的押金。而且，押金在打工结束后全额退还。而后小马到分店工作时，该分店说还要再交 100 元，不然前面 300 元也不能退，小马只好就范。培训两天之后，该店叫小马回去等消息，谁知过了一个多星期也没有通知小马上岗，而按照协议的要求，如果一个月工作时间不满 25 天，则押金不退。小马这才知道自己掉进了"押金"陷阱。

请思考

小马在求得这份兼职工作的过程中都犯了哪些错误？

◆ 安全训练

课外活动、就业安全防范分析

训练步骤

01	02	03	04	成绩判定
自己最喜欢的活动有哪些安全隐患	本人主观上存在的安全隐患	设计出安全防范措施	作为作业上交	

训练形式

课堂布置，课后自我分析，设计防范措施，上交作业。

（1）自己最喜欢的课外活动包括哪些安全隐患？求职就业过程中会遇到哪些安全隐患？

（2）本人身上存在的安全隐患除包括个性、生活习惯、能力等方面的薄弱环节，还包括什么？

（3）设计的安全防范措施要简明、具体、真实、有效。如自己脾气不好，参加球类比赛就容易与人发生口角。措施是每次赛前在镜子面前提示自己，控制情绪才能快乐；为玩而怒，后果难测且缺乏风度。

第四章

交通出行安全

📖 **学习目标**

1. 理解交通安全的重要性，并牢固树立防范意识。
2. 掌握旅途、市内交通等方面的安全知识。
3. 掌握防范交通意外的方法。
4. 掌握基本救护方法。

🔔 **安全警句**

1. 宁停三分，不抢一秒。
2. 人生美好，步步小心。
3. 安全与幸福携手，文明与快乐同行。

第一节　行人交通事故

一、行人交通事故的发生

行人是交通事故中的弱者，极易受到伤害。只要留意，看报、看电视或上网都可以发现，生活出行时，飞来的横祸比比皆是。行人被汽车撞或自己撞到车上；掉入窨井；不小心撞上电线杆、消防栓、广告牌，踩到坑里扭伤了脚……虽说都是意外，但只要你多加注意，其实是可以避免的。

二、行人交通事故的预防

（1）城市道路上行走，须走人行道；在无人行道与机动车道划分的街道或乡镇混合道上行走时，应靠右边行走，主动避让各种车辆；群体行进时要列队，横排不超过两人。

（2）行走时要注意各种信号灯的指示，尤其是路口的红绿灯、人行横道信号灯和车辆转向灯的变化。要服从交通指挥和管理，不要只顾行走。

（3）横过车行道时，有交通信号灯的，自觉按信号灯的指示行进或走人行天桥或地下通道；没有交通信号灯的，要注意观察过往车辆，特别是右转和左转车辆，不要猛冲或在车流中穿行，确认安全后快速通过。长队伍横过车行道可视情况分段通过，有条件的可佩戴明显标志；不准横过画有中心实线的行车道。

（4）在夜间交通信号灯停止使用后，黄灯闪烁，走人行横道一定要左右环顾，注意判断车速，在确认安全的前提下快速通过。

（5）在有隔离栏的路段过马路，要走人行天桥或地下通道，或从有人行横道标志的地方通过，不要穿越、攀登或跨越道路的隔离设施（图4-1），也不要从铁路桥梁、隧洞和没有道口或其他平面交叉设施的铁路轨道上通过。

图4-1 禁止跨越道路隔离设施

（6）不要在车行道、桥梁、隧道或交通安全设施处逗留；不要在路上玩耍、抛物、泼水、散发印刷广告或进行妨碍交通的活动。

（7）不要在路上做出扒车、追车、强行拦车或妨碍道路交通安全的其他行为。

（8）走路时要专心，注意观察路面状况、车流量、流向及是否有障碍物。不要在途中看书、看报、聊天、嬉戏、打闹（图4-2）；不要在路上踢球、滑旱冰、滑板和做其他运动。

图4-2 注意路面安全

（9）穿越居民区、胡同和从施工的建筑物旁通过，注意观察住户窗户上是否摆放物品和是否有人在活动，建筑物施工场地是否设有安全标志线和安全设施，尽量不要从工地上穿过。

（10）雨雪天出行，要注意观察路面和周围环境。特别是路边有高大树木或有供电线路、电缆从空中穿过的区域，有变压器、有高压线路的地方，注意是否有潜在的危险。

（11）夜间外出尽量选择有路灯的道路行走；在没有路灯的情况下最好带照明用具，注意观察路边有无无盖窨井，停放的车辆是否启动，是否有非机动车往来。特别是混合道上，不要匆忙，注意行驶车辆。

（12）通过火车道口时应听从管理人员的指挥，如在无人管理的路口穿过时一定要注意观察，在确认没有火车经过时，快速通过，不要在轨道上或在附近逗留、玩耍。

（13）不要在机动车行驶的高架桥上行走，不要横穿高速公路。

小案例

以下是发生在重庆某工业学校的几起交通事故：

1. 2008年10月中旬，08级一女生乘坐公交车在校门口下车，下车后没有注意来往车辆即从车后部横穿马路，被一小车撞倒，造成重伤。

2. 2009年3月中旬的某天晚上，08级一女生外出回学校时没有走人行道而走在马路上，在校门口处的马路桥上被一辆小车撞倒，造成大腿骨折。

3. 2009年4月初，同兴街上发生一起一男青年骑自行车被车撞成重伤的交通事故，该校也有同学正在此过马路，差点发生车祸，应高度重视。

4. 2009年4月11日晚，07级一男生横穿马路，被一摩托车撞倒，造成重伤。

请思考

上述事故的原因有哪些？

第二节　乘车意外事故

一、乘车意外事故的发生

"五一""十一"长假，学生寒暑假回家、返校、外出旅游，是人流外出高峰时期，安全自然成为学校的头等大事。但是日常生活中的乘车安全也不容忽视，安全意识的养成应从身边一点一滴的小事做起。

二、乘车意外事故的预防

（一）乘坐小汽车

现在越来越多的家庭购买小汽车以保障个人出行的便利，也有越来越多的家长经常开车接送孩子上学、放学。因此，注意乘车安全是青年学生必须要了解的。

（1）乘坐小汽车时，尽量不坐副驾驶座的位置，这个位置的死亡率远远高于驾驶座和后排座。最好坐在后排，相对而言，后排的安全系数较高。

（2）乘坐小汽车时要系好安全带。

（3）在车未停稳时不要打开车门，不要下车。打开车门前，要先向后看是否有车辆或行人通过，以免发生碰撞。

（4）不要催驾驶员开快车，不要与驾驶员闲谈或用任何方式妨碍驾驶员驾驶，因为这样会分散驾驶员的注意力而造成危险。

（5）发现驾驶人员无驾驶证或酒气熏天，不要乘坐该车。

（二）乘坐公交车、客车

在繁华的城市里乘坐公交车、放假回家坐长途客车，对于青年学生来说，可谓是家常便饭。不过，乘坐公交车、客车时一定要注意安全，不然就容易发生交通事故或其他意外事故。

（1）上车前，必须在站台里或候车室候车。待车停稳，再按顺序上车。如果是单门汽车，应让下车的乘客下完后再上车。

（2）在车辆行驶途中，不准将头、手等身体任何部位伸出车外。

（3）乘坐公交车或客车时，无论你是站着还是坐着，在汽车行驶过程中，都要握紧座位柄或固定杆，以免汽车紧急刹车时碰伤或摔伤，如图4-3所示。

图4-3　乘坐公交车要站稳

（4）下车时，要等车辆停稳后按顺序下车。不要拥挤或抢先跳车，以免摔伤。下车后，不要从车子前面突然跑过。

（5）千万不要将易燃易爆危险物品带上公交车或客车。

（6）千万不要坐超载的公交车或客车。青年学生外出春游等集体活动较多，切记不能超额载员，以免造成事故。

（三）乘坐出租车

一旦坐上了出租车，你就和司机构成了一个安全的整体。一个好的乘客应该自觉配合司机共同做好安全行车工作。

（1）要在站台或指定地点候车，候车时要靠边，不要在路口、机动车道上、交通拥挤处招手。

（2）看见有空车来时要提前招手，不要招反方向的车。

（3）待车停稳后，排队上下车，不可在站台下和越过安全线候车，上车后抓牢扶手或椅背，避免因汽车启动或刹车时遭遇意外。

图4-4　拒绝搭乘黑车

（4）要提前告诉司机下车的地点，在车上不要和司机谈话。

（5）不要乘坐无经营许可证、在路边拉客的"黑车"（图4-4）；乘坐前排副驾驶位置要系好安全带，上车后关好门，下车时按计价器所显示的金额付费，注意索要发票，以备物品遗忘时方便寻找。

（6）下车开门时要注意来往的车辆和行人，不要随意让司机停车。下车后不可从车前穿过。车开走后，看清左右的情况后再穿越马路。

（四）乘坐摩托车

摩托车不能超载，如图4-5所示。一辆双轮摩托车只准搭乘一人。乘坐双轮摩托车应当正向骑坐并戴头盔，不要乘坐轻便摩托车，不要侧身坐在摩托车上。

图4-5　摩托车违章载人

小案例

来自安环无忧网的消息：1998年9月30日，浦城县南浦客运车队个体中巴客车，由宁德地区古田县开出，经屏南县、政和县开往南平市浦城县。该车核定限载19人，从古田车站发车时车上实载16人（含驾乘人员），在站门口上车2人，沿途在古田、屏南陆续有人上车，其中在古田至平湖镇途中上车20人，在屏南境内上车3人，至肇事地点实际载客41人（含驾乘人员）。9时40分左右，车开至政和县省道安嵩线镇前镇路段下坡左转弯处，冲出路面坠入24米深的公路护坡下的小溪中，造成死亡33人、伤8人、车辆报废的特大交通事故。根据调查，事故的直接原因是："中巴客车严重失保失修，右后轮制动蹄片磨损严重超限，致使车辆制动失效；该车严重超载，又遇下坡急转弯，驾驶员未能有效控制车速。"

请思考

分析上述事故的原因，并为在校生提供预防乘车事故发生的主要措施。

第三节　非机动车交通事故

一、非机动车交通事故的发生

出行方式的多样化也是现代社会的特征之一，骑自行车或电动车穿梭于街道，既方便又快捷；假日里同家人、朋友一起骑车去领略自然美景，释放学习压力，也是一件很惬意的事情。然而在享受生活的同时，千万别放松警惕，要时刻牢记"安全"二字。

二、非机动车交通事故的预防

（1）不能在机动车道上骑车，也不能在人行道、机动车道上学骑自行车。

（2）骑车时应在慢车道行驶，没有慢车道的应靠右边行驶；不准骑车带人；人行道上不准骑自行车。

（3）自行车不准抄近逆行，不准闯入快车道；红、黄灯亮时一定要刹车，并停在停车线以内，不能闯红灯争道抢行。

（4）骑车转弯时，不准抢先猛拐，最好先让直行的车辆、行人优先通过；转弯前应伸手示意，减速慢行，看清左右及后方以后再通过。

（5）骑车超越前车时不得妨碍被超越的车辆行驶。

（6）横穿四条以上机动车道时，要推车行走，严禁在机动车临近时横穿马路。

（7）骑车时不准两人以上并行，不准互相追逐打闹（图4-6），不要扶身并行，不要牵引、攀扶车辆或者被其他车辆牵引。

图4-6　骑车时不宜并行、打闹

（8）骑车时不要双手离把或手中持物（图4-7）；不准骑"英雄车"；不准相互追逐或曲线行驶。

（9）情绪不稳定时不要骑车，如兴奋异常、心情不好、注意力过分集中或特别分散等。

（10）雾天、雨天骑车时，应穿颜色鲜艳的服装或雨衣；雾天、下雪特别是地面结冰后最好不要骑车。

（11）晚上骑车应慢行，没有照明不能骑车。

图4-7　骑车时不宜双手离把

（12）骑车时遇到前方路边有停驶的汽车，要提高警惕，减速慢行。

小案例

海安县某外贸时装针织厂职工崔某，2015年10月17日早晨送孩子上学后便急匆匆赶去单位上班。崔某不顾区分的车道，驾驶残疾人电瓶三轮车沿海安镇江海东路北侧非机动车道由西向东行驶。时值上班高峰期，道路上人潮如涌。海安县公安局城南分局民警许某某驾驶二轮摩托车，由机动车道左转弯进入分局上班，在分局门前崔某的残疾人三轮车前部与许某某的二轮摩托车左侧后备厢发生碰撞。

请思考

上述案例告诉我们哪些交通常识？

第四节　乘船交通事故

一、乘船交通事故的发生

在我国许多地方都有河流、湖泊，城市公园里也大多都有湖泊。因此，青年学生出行、学校组织活动外出时，乘坐轮船在大江大海上航行，划着小船在公园的湖面上或在村边的小河中游玩，都是青年学生很喜欢的活动。乘船安全常识对青年学生十分重要。

二、乘船交通事故的预防

（1）不乘坐无牌无证的船舶，不乘坐客船、客渡以外的船舶，不乘坐超载船舶和人货混装的船舶，更不乘坐安全系数低且无安全救生设备的排筏。

（2）乘船严禁携带易燃易爆危险品，看到别人携带也要予以劝阻或反映给船上的服务人员，以确保全船人员的生命财产安全。

（3）候船时，在候船室不要到处乱跑；在船上不要随意跨过"旅客禁止"界限，不要随便拨弄、按动机械和电器设备，不要在甲板上追逐打闹。

（4）登船后要尽快熟悉所乘舱位的周围环境。上船后要在座位坐稳，不得随意走动、打闹（图4-8），不要将身体的任何部位伸出船外；要听从工作人员的指挥，遵守船上的安全规定和秩序。

（5）夜间航行，在舱内要把窗帘拉好，不要将灯光外泄。

（6）要牢记救生衣、救生船、灭火器、灭火栓的所在位置及使用方法，以便一旦发生情况，能尽快使用。

（7）船在航行中遇到大的风浪会出现颠簸，这时不必惊慌，要听从乘务人员指挥，不要乱跑乱闯、大声喧哗，以免引起全船人员的混乱，使船体失去平衡，造成不可预料的严重后果。尤其是乘坐较小船只在海上或江河上航行，更应当注意这一点。

（8）上下船时，一定要等船靠稳，待工作人员安置好上下船的跳板后再行动。上船后要听从管理人员的安排，并根据指示牌寻找自己的座位。不要拥挤，不随意攀爬船杆，以免发生意外。

图4-8　不得在船上随意走动、打闹

（9）客船航行时，不要在船上嬉闹；摄影时，不要紧靠船边，也不要站在甲板边缘向下看波浪，以防晕眩或失足落水。观景时切莫一窝蜂地拥向船的一侧，以防引起船体倾斜，发生意外。

小案例

2015年3月27日上午，记者来到阜阳市颍东区袁寨镇袁寨渡口，站在渡口岸边望去，河面宽约100米，一条简易船只在河上穿梭。一个村民告诉记者，青年学生王琳就是从这条船上坠入河中的。等船靠岸后，记者上了该渡船。由于下着小雨，船上特别滑。该船长约10米，宽3米左右，船的两边分别有一道约1米高的钢筋护栏。船两边分别悬挂了两只救生圈。在船上，记者正好碰到了王琳落水时当班的舵手李某。

李某有 50 多岁，向记者描述了王琳落水的全过程。当船快行驶到河中心时，一个女孩突然从围栏上翻了下去，当时他喊了两声，并立即停船，由于惯性，船停下来时已距离女孩有三丈远。随后，他把船绕过去，当船返回到女孩落水处时，女孩的袄子和头发还露在水面上，一捡破烂的老人伸手抓了一下没抓住，女孩很快就沉了下去。

请思考

王琳为何落水？如果你在船上，你会如何面对这起事故？

第五节　机动车交通事故

一、机动车交通事故的发生

俗话说："十次事故九次快，思想麻痹事故来。"驾驶机动车行驶时必须做到：依法取得机动车驾驶证；应在马路右侧行驶；严格遵守机动车通行规定、载物规定、行驶速度规定、停车规定等；听从交通警察指挥。

二、机动车交通事故的预防

（1）严格按照驾驶证载明的准驾车型驾驶车辆，出门时检查是否带齐驾驶证、行车证、保险卡等相关证件，不能无证驾车（图 4-9）；同时检查车辆状况，轮胎、仪表是否正常，倒车镜、后视镜位置是否恰当，底盘是否有漏油的情况等；不驾驶有机械故障的"带病车"上路。

图 4-9　持证驾驶

（2）上车后系好安全带，关好车门、车厢。骑摩托车者（搭乘者）戴好安全头盔，搭乘者（二轮摩托）在驾驶者正后骑坐，双脚放在踏板上。

（3）要遵守交通信号，听从交通警察指挥；在机动车道通行，没有划分机动车道的在道路中间通行；行驶时不超过限速标志牌标明的最高时速，与前车保持足以采取紧急制动措施的安全距离。

（4）行经人行横道时，减速行驶；遇行人正在横过道路时，停车让行；行经没有交通信号灯的道路时，遇行人横过道路，应当避让。

（5）起步和停车前，左右环顾，注意其他车辆和行人，查明情况并确认安全情况；不在人行道、车行道和妨碍交通的地方停车；不在消防通道和消防栓旁停车。

（6）驾车时不要吸烟、手持及接拨电话，如图4-10所示。不和同乘者聊天、打闹，不穿拖鞋或高跟鞋；身体不适或服用催眠、解痉镇痛、抗过敏、抗感冒、驱虫药等药物后不要驾车；不酒后驾车，更不要醉酒驾车。

图4-10　行驶中禁止打电话

（7）遇到交通堵塞或停车排队等候、车行缓慢时，依次跟车，不要强超、强行插队或借非机动车道、人行道行驶。

（8）通过环形路口，准备进入车道时，让已在路内的车辆先行；出路口时，提前驶入路口最右侧的车道，变道时注意观察周围车辆，确保安全；通过铁路道口时，要主动避让火车，坚决杜绝抢行、闯行通过道口的行为。

（9）在高速公路入口和出口的匝道上减速慢行，不要在公路匝道与主路相接处停车休息或等候；如因疏忽或忘记出口，不要在高速公路上和匝道上倒车或逆行，不要疲劳驾车。

（10）到租车行租用汽车，应选择正规、信誉较好的租车行，最好请有经验的人陪同，要检查车辆状况。借用他人车辆，特别是自己不熟悉的车型，事先要详细了解各系统功能和设置，慢速行驶，熟悉车况和操控系统。

（11）雨雪天驾车应低速慢行，保持足够的安全距离，尽量使用低速挡，时速不要超过40千米；雪地驾车更要慢，轻踩刹车，轻转方向。如遇积水，注意观察积水的深度，确认安全低速通过。

（12）驾驶摩托车或新手驾车在最右侧机动车道行驶，保持一定的跟车距离。不要占道行驶和骑线行驶，不要频繁变道。转弯、变道、超车、掉头、靠路边停车时，提前100米开启转向灯，注意其他车辆，确保安全。

（13）交通事故的发生，大多与司机不遵守交通法规和安全意识淡薄有关。熟悉和掌握交通法规，注意积累经验和虚心请教，遵章守法，礼貌谦让，是确保安全的前提。

🔍 **小案例**

2015 年 11 月 23 日 22 时许，某市新东街与颐翠路交叉口发生一起交通事故。当天有小雪，秦某与朋友欢聚小酌后驾驶着自己的越野车，沿新东街由西向东行驶，右拐向颐翠路时，接了一个客户的电话，与沿颐翠路由南向北直线行驶的李某驾驶的小型轿车相撞。这次事故造成两车不同程度损坏，李某受伤。

请思考

上述事故发生的原因有哪些？

第六节　铁路交通意外事故

一、铁路意外事故的发生

铁路交通在人们的生活中是一种既安全又快速的交通方式，特别是长途旅行时更安全方便。但如果忽略安全问题，铁路交通也会带来伤害。

地铁（城铁）列车是在封闭状态下运营的大型载客交通工具，因设备故障、技术问题、人为破坏、不可抗力等原因，均可能发生重大意外事故。

二、铁路意外事故的预防

（1）在火车站和地铁车站候车时，一定要站在站台的安全线后面，不能越过安全线或跳下站台。

（2）上车时，要有秩序地排队上车，不要乱跑乱闹，抢先拥挤，特别注意不要被车门夹住身体。下车时，要有组织有纪律，在列车服务人员统一指挥下安全下车。

（3）坐在座位上，不要把头伸出窗外（图 4-11），也不要在车厢内随便走动，要

孩子~~
请不要把头伸出车窗外

图 4-11　不要把头伸出窗外

听从列车服务人员的指挥。

（4）乘坐火车、地铁时，严禁将鞭炮、烟花等易燃、易爆危险品带上车。

（5）不要在轨道上行走、坐卧和玩耍，也不要在铁路两旁放牧。

（6）不要扒停在轨道上的列车，也不要在车下钻来钻去。

（7）不要在轨道上放置石块、木棍等东西。

（8）不要乱动扳道、信号等设施；不要拧动铁轨上的螺丝。

（9）不要翻越护栏横穿铁路；不要从铁路桥梁和铁路隧道通过。

（10）通过铁路无人看守的道口时，必须停车瞭望，做到"一停、二看、三通过"，绝对不要抢行。

（11）过道口要听从看守人员指挥；设有信号机的铁路道口要按信号灯指示通行。

（12）电气化铁路的接触网带有高压电，严禁直接或间接接触所有部件。

🔍 小案例

1988 年广州至西安的 272 次列车，因旅客违章携带的防锈漆和香蕉水被烟头引着，造成旅客伤亡，中断行车 46 分钟。1989 年上海至杭州的列车，一名旅客因家庭纠纷而厌世，身带炸药在客车上引爆自杀，造成 24 人被炸死，11 人重伤，40 余人轻伤，车辆破坏，损失惨重。1991 年武昌开往广州的加 7 次列车，行至广东大瑶山隧道时，17 号车厢因旅客吸烟不慎引起火灾，导致紧急停车，部分旅客惊慌跳车，出现伤亡。

请思考

上述案例中的事故应如何避免？

第七节　户外旅游意外事故

一、户外旅游意外事故的发生

对年轻人而言，旅行可以增长见识，旅行可以锻炼意志，在旅行中可以发现生活、增长智慧，获得个体发展的机会。危机意识的养成可以帮助年轻人在人生旅途中减少磕碰和迷茫。

二、户外旅游意外事故的预防

（1）外出旅游及参加营地活动前要做好充分的准备。

①应准备的物品有:帽子、水壶、雨具;治疗肠胃、感冒的药品和治疗外伤的药（如创可贴、碘酒等）；降暑、防晕车的药品；卫生纸、干净清洁的小食品。

②如果参加营地活动要住在外面，还应准备指甲剪、小刀、手电筒、电池、塑料袋、一些结实的绳带等。

③尽量穿宽松吸汗的衣服，尽量不穿裙子或短裤；准备一些早晚添加的衣服，穿厚棉袜和旅游鞋。

④全体人员应该有醒目的统一标识，如穿统一外装或戴统一的帽子。

⑤要牢记报警电话 110、119、120、122、父母或亲人的电话、老师和同学的电话。要熟记导游的手机号码，也可将自己的手机号码留给导游，以便走丢或紧急情况时联系。

（2）旅行或参加营地活动要有计划性，出发前要对目的地情况有所了解。最简单的方法是开口询问，如果周围的人不清楚情况，可上网查询。不要到未开发景区、疫区、震区、洪区等地方旅行；要明确旅行的目的和行动计划及每日行程的目的地。到达之后的行动，以保证旅行安全、顺利地进行。

（3）青年学生外出旅行或参加营地活动最好要有家长或老师带队，最好以组团方式，由正规旅行社导游带领；发生问题可以由导游与当地旅游部门联系解决；外出旅游要和旅行社签订合同，保障个人权利。

（4）乘车、船、飞机出发，一定要准时，有秩序排队乘坐，不争抢座位，不能超员。坐好后要系好安全带，不与司机交谈，不要把头、手伸出窗外，不向外抛掷物品。要了解并遵守乘车、乘船等交通安全规则。

（5）旅游或营地活动中要听从导游、家长和老师指挥，严格遵守纪律，互相帮助，任何时候都不要离队单独行动。因上厕所或其他事要暂时离开时，必须向导游、家长和老师请假，并结伴而行。

（6）旅游或营地活动中要记住集体居住或集合的地点、所乘车辆的车牌号码或车次。万一迷路走失，要及时与导游、家长和老师联系，或找警察帮忙。

（7）在山林草丛中要注意防火，不能随意点火或野炊。允许野炊的地方要做好防火准备，野炊结束后要用水或土彻底熄灭余火，确保余灰不能复燃再离开。

（8）旅游或营地活动中注意饮食卫生，最好到旅行社指定的餐馆就餐；一些当地小吃，不要随便食用，可请导游带到卫生条件较好的餐馆品尝。

（9）夜间不要外出；不去情况不明的地方探险，不在危险的地方照相；水情不明时不要蹚水或到水里游泳；不要在空旷的野外、大树下、电线杆下、高楼顶上等地方避雷雨；遇雷雨时要将手中的金属物品尽快抛到远处。

（10）游览过程中要爱护景区的设施设备，不破坏公物，不在树干、石壁、墙壁等地方乱涂乱画；废弃的物品要收集起来放入垃圾箱。

（11）要了解旅行地区的风土人情；到少数民族地区要尊重其民族风俗及语言、行为、购物、饮食等方面的忌讳，以免发生不必要的问题与麻烦。

（12）从事旅游登山时，必须具备体力、装备、知识三大要素，同时要有组织、有准备地进行。应注意以下几点。

①出行前规划好登山路线，要充分了解交通情况，进入山区要注意塌方落石与路基塌陷。

②要了解自己的身体状况，随身携带药物；若有高山反应或身体不适者，勿勉强登山。

③要选择合适的登山服装，尽量轻装上山，少带杂物，以减轻负荷；要穿旅游鞋和布鞋，勿穿高跟鞋；要做好相互联系及准备好与外界联系的通信工具；如需借助拐杖，要注意选择长短、轻重合适与结实的拐杖。

④进入山区后要注意天气变化，遇雨时不要用雨伞，最好用雨披，避免雷电并防止山上风大连人带伞给兜跑。

⑤要做到观景不走路，走路不观景；照相时要选择能保障安全的地点和角度，尤其要注意岩石有无风化。

⑥登山队伍要保持前后呼应；迷路时应折回原路，或寻找避难处等待救援。

⑦上山后注意林区防火，沿途不要吸烟；要爱护自然环境，不破坏景观资源，不随意丢弃垃圾。

🔍 小案例

2013 年 9 月 20 日，浙江某学校 3 名学生，于"十一"小长假期间相约到台湾旅游，3 人在太鲁阁公园行走道上未看到危险标识提示，在危险区域行走玩耍时被落石击中，两死一伤。

请思考

外出旅游时我们应注意哪些安全问题？

📦 安全训练

交通安全训练

训练步骤

01 不同情景设计 ▸ 02 自我设计安全防范方案 ▸ 03 统一上交 ▸ 成绩判定

训练形式

课内布置，课后自我设计方案。

1. 不同情景下自我安全设计

情景一：准备假期回家，根据自己的个性、想法，如何安排行程以确保安全（写出预想情况下的防范细节）。

情景二：一进候车室发现人群熙熙攘攘，此时此刻，自己有哪些想法和做法能保证财产安全。

情景三：准备去旅游，根据目的地、交通工具及所预想到的所有可能性，写出自己的安全防范措施。

2. 交通意外时救助

情境设计：学校校门外，可能发生的交通意外。

训练项目：根据所设计的意外发生，写出救助方法。同时设计出提示自己的警示语（注意警示语要精练，确保自己能记得住）。

第五章

学生日常安全

学习目标

1. 了解生活饮食安全的内容、重要性。
2. 掌握卫生防疫安全的主要内容。
3. 学习安全用电。
4. 掌握食物中毒的救治方法。
5. 了解各类疾病的预防与救治。

安全警句

1. 健康是事业之本。
2. 食品关乎生命，安全重于泰山。
3. 民以食为天，食以安为先。
4. 良好的习惯，健康的保障。
5. 拒绝违章用电，珍爱生命安全。

第一节　生活饮食安全

学生的生活饮食安全，取决于外部条件——学校管理部门的工作质量，也取决于内部因素——每个学生对自己负责、对他人负责的生活态度。学生是国家的未来，家长的希望。学生自身的健康直接影响学业，以及就业。没有一个健康的身体，任何事业都力不从心。学校是可以选择的，学习什么专业也是可以改变的，只有健康是唯一的。

日常生活中由于安全意识淡薄，发生食物中毒、农药中毒、煤气中毒等中毒事故，会给人们的生活带来灾难。

一、食物中毒事故

食物中毒，通常是指吃了含有有毒物质或变质的肉类、水产品、蔬菜、植物或化学品后，感觉肠胃不舒服，出现恶心、呕吐、腹痛、腹泻等症状，共同进餐的人常常出现相同的症状。可分为细菌性食物中毒、真菌性食物中毒、植物性食物中毒、动物性食物中毒、化学性食物中毒，如图 5-1 所示。

图 5-1　食物中毒

（一）出现食物中毒后的应对措施

1. 建立快速反应机制

出现食物中毒后，特别是集体性食物中毒事件，要及时向学校领导、主管部门和所在地区卫生防疫部门反映情况，并及时联系医院，确保第一时间得到救治，如图 5-2 所示。

图 5-2　采取措施

2. 及时判断中毒类型

抢救食物中毒病人，时间是最宝贵的。从时间上判断，化学性食物中毒和动植物毒素中毒，自进食到发病是以分钟计算的；生物性（细菌、真菌）食物中毒，自进食到发病是以小时计算的。

3. 有的放矢，及时抢救

出现食物中毒症状，有条件的可输入生理盐水；症状轻者让其卧床休息，如果仅有胃部不适，多饮温开水或稀释的盐水，然后应及时用筷子或手指伸向喉咙深处刺激咽后壁、舌根进行催吐。如果发觉中毒者有休克症状（如手足发凉、面色发青、血压下降等），就应立即平卧，下肢尽量抬高，需由他人帮助催吐，并立即送往医院抢救，不要自行乱服药物。

4．留取样本有利救治

如果是集体中毒，救护工作要有条理；应尽可能留取食物样本，或者保留呕吐物和排泄物，以便化验使用。对人为投毒的事件，应及时报案，同时保留食品炊具等关键证物，交由警察进行立案调查。

5．食物中毒的急救方法

一旦有人出现上吐下泻、腹痛等食物中毒现象，千万不要惊慌失措，冷静地分析发病的原因，针对引起中毒的食物及吃下去的时间长短，先采取应急措施，争取救治时间。

（1）催吐。如食物吃下去的时间在1~2小时内，可采取催吐的方法。立即取食盐20克，加开水200毫升，冷却后一次喝下。如不吐，可多喝几次，迅速促进呕吐。亦可用鲜生姜100克，捣碎取汁用200毫升温水冲服。如果吃下去的是变质的肉类食品，则可服用十滴水来促使迅速呕吐。有的患者还可用筷子、手指或鹅毛等刺激咽喉，引发呕吐。

（2）导泻。如果病人吃下中毒食物的时间超过2小时，且精神尚好，则可服用些泻药，促使中毒食物尽快排出体外。一般用大黄30克，一次煎服，老年患者可选用元明粉20克，用开水冲服即可缓泻。老年体质较好者，也可采用番泻叶15克，一次煎服，或用开水冲服，亦能达到导泻的目的。

（3）解毒。如果是吃了变质的鱼、虾、蟹等引起的食物中毒，可取食醋100毫升，加水200毫升，稀释后一次服下。此外，还可采用紫苏30克、生甘草10克一次煎服。若是误食了变质的饮料或防腐剂，最好的急救方法是用鲜牛奶或其他含蛋白质的饮料灌服。

（二）食物中毒的预防

为防止食物中毒的发生，必须从源头上进行预防。

1．严格从业人员管理

学校食堂从业人员必须通过身体检查，有执法部门颁发的合格健康证。要及时对从业人员进行岗前培训，如《食品卫生法》等法律法规、原料采购要求、操作技术规程、食品保鲜等内容；经常进行职业道德教育，并加大平时检查与监管力度。

2．确保原料采购质量

要从正规渠道购买食用盐、主食原料、水产品、肉类食品等大宗原料，并尽量做到集体采购；不要购买发芽的土豆与洋葱、有毒蘑菇与鲜黄花菜、变质的水产品与肉类食品、过期的饮料与熟食等，如图5-3所示。

图5-3　发芽的土豆

3．严格食品加工程序

在食品加工过程中，严格贯彻所有食品烧熟、煮透、生熟分开等卫生要求，以免熟食与待加工的生食交叉污染。

（1）烹饪加工所用的原料必须新鲜，在进行粗加工时，肉、禽、水产所用的刀、板、盆与蔬菜的要分开使用。

（2）采购的冻品要彻底解冻，坚持做到"完全解冻、立即烹饪"的原则。

（3）烹饪时要适当增加烹饪加工的时间，保证食品温度达到70℃以上。

（4）蔬菜在烹饪前必须彻底清洗干净，采用"一洗二净三烫四炒"的加工方法，特别是扁豆一定要炒熟。

（5）加工凉菜要达到"五专"的加工条件：专人负责、专用调配室、专用工具、专用消毒设备设施、专用冷藏设备；制作凉菜的三个关键环节：保证切拼前的食品不被污染、切拼过程中严防污染、凉菜加工完毕后须立即食用。

4．剩余饭菜

若有少量的剩余饭菜须废弃，如想继续使用剩余的饭菜，必须妥善保存、凉透后放入熟食专用冰箱冷藏保存，切不可存放在室温下；再次食用剩饭菜前，必须彻底加热，不可直接掺入新鲜的食品中。

5．生熟食品要分开存放

热菜储存温度要合适，必须把食品的温度保持在60℃以上。

6．避免食用有毒食物

不吃有毒的蘑菇、发芽的马铃薯（内含龙葵素），木薯和杏仁（内含氢甙），有毒鱼类（如河豚、金枪鱼、鲭鱼）和贝类（如贻贝、蛤和扇贝）。尽量少吃白果（内含白果酸）、鲜黄花菜（内含秋水仙碱）、四季豆和生豆浆（含有皂素及溶血酶），如果这些食物经过剔除处理和充分加热，是可以消除中毒危险的。

7．保证洗刷和消毒效果

洗刷一定要注意除去食品残渣、油污和其他污染物，洗刷干净后放入消毒柜内消毒或采用蒸汽消毒和紫外线消毒。及时处理垃圾，消除老鼠、苍蝇、蟑螂和其他有害昆虫，保证卫生的重要性。

8．个人卫生防疫意识

要加强个人卫生防疫意识，养成良好的个人卫生习惯，是预防食物中毒的最佳方法。因此，要做到"六要、六不要"。

"六要"：饭前便后要洗手；公用餐具要消毒；个人食品要看好；购买食品要查证；生吃水果要削皮；要搞好环境卫生。

"六不要"：含毒食品不要吃；腌制食品不多吃；海鱼内脏不要吃；不识食物不要吃；不明食物不要吃；摊点饮食不要吃。

9．外出就餐

外出就餐时，要选择安全、洁净、舒适的地点进餐，选择正规餐馆进餐，不到无证经营或没有经营许可证的餐馆或小摊上进餐或购买食品。烹调后的食品应在 2 小时内食用。不喝生水。

🔍 小案例

2016 年 10 月 18 日，山东济南历城区一所中学近 50 名寄宿学生出现腹泻症状。事发后，腹泻学生被紧急送医。截至 20 日，还有 2 名学生在治疗，其他人无大碍。目前，当天食物留样已送检疫部门检测，济南市疾控中心和历城区疾控中心已介入调查。

请思考

如果你在现场，应该怎样判断是否为食物中毒？若为集体性食物中毒事件，你应该如何去帮助这些中毒的学生？

二、农药中毒事故

大量接触或误服农药，人一般会出现头晕、头痛、全身乏力、多汗、恶心、呕吐、腹痛、腹泻、胸闷、呼吸困难等症状。还会出现特殊症状，如瞳孔明显缩小、肢体震颤抖动、肌肉纤维颤动、肌肉痉挛或癫痫样大抽搐、口中有金属味、有出血倾向等。

（一）出现农药中毒后的应对措施

（1）立即切断毒源，脱离中毒现场。

（2）脱去被污染的衣裤，用微温的肥皂水、稀释碱水反复冲洗体表 10 分钟以上（注意：敌百虫中毒时，不能用碱性液体）。

（3）对昏迷的患者，应立即送往医院由医务人员为其洗胃。对神志清楚的中毒病人，需用筷子或手指刺激咽喉催吐。

（4）昏迷患者出现频繁呕吐时，救护者要将他的头放低，使其口部偏向一侧，以防止呕吐物阻塞呼吸道引起窒息。

（5）患者呼吸、心跳停止时，应立即实施长时间的心肺复苏法抢救，待生命体征稳定后，再送往医院治疗。

（二）农药中毒的预防

（1）使用农药、除草剂、灭鼠药、家用杀虫剂时，不能对着人和食品喷洒。人应站在上风头进行喷洒，如图 5-4 所示。

图 5-4　喷洒农药

（2）放灭鼠药时，要把药饵撒在老鼠洞口和它可能往来的路上，同时要把食品、粮食收藏好，以防吃过药的老鼠污染食品和粮食。

（3）夏天使用杀虫剂，必须收拾好房间的食品、杯子、碗碟等，喷洒药品后要及时离开房间。半小时后要打开窗户通风，药味散尽后再进入房间。

（4）农药、除草剂、灭鼠药、家用杀虫剂一定要单独放置，要远离儿童和痴呆老人。家中如有痴呆老人和幼童，要将药箱置于他们不能触及的地方，以免因他们误服而造成危险。

（5）喷洒农药、除草剂、灭鼠药、家用杀虫剂后要及时洗手、洗脸。

（6）在农药生产车间等人员聚集的地方发生毒气中毒事故，救助者应戴好防毒面具后再进入现场。即使需要抢时间救人，救助者也必须屏住呼吸冲进现场，快速把病人抱出来。

（7）患者或周围人应尽可能向医务人员提供引起中毒的农药名称、剂型、浓度等，以便争取时间进行抢救。

小案例

2013 年 7 月 25 日，雷州市沈塘镇平余村育苗基地发生一起因喷洒农药导致的中毒事件。事发后，中毒者被紧急送往雷州市雷霞医院抢救，因中毒较重，于第二日上午死亡。

请思考

如果你的家里有小朋友，应该如何教育他们防止农药中毒事故的发生呢？

三、煤气中毒

在空气流通不畅的室内使用煤气或天然气等设备，或用煤火炉取暖做饭，或随意拆改室内煤气或燃气设施，以及燃气调压站、调压箱、燃气井盖附近使用明火、燃放烟花爆竹，容易引起煤气中毒、火灾和爆炸等严重事故。

（一）发现煤气中毒后的应对措施

1．煤气、燃气泄漏

发现煤气、燃气泄漏，应做好以下几个方面。

（1）立即切断气源，迅速打开门窗通风换气。但动作应轻缓，避免金属猛烈摩擦产生火花，引起爆炸。

（2）千万不要开启或关闭任何电器设备，不要打开抽油烟机或排风扇排风，不要在充满燃气、煤气的房间内拨打电话。

（3）不要在室内停留，以防窒息、中毒。

2．液化气罐着火

液化气罐着火时，应迅速用浸湿的毛巾、被褥、衣物扑压，并立即关闭液化气罐阀门。

3．家庭煤气中毒的急救

如果发生煤气中毒，首先要将中毒者安全地从有毒环境内抢救出来，迅速转移到有清新空气的环境中。

（1）立即打开门窗通风，尽快将病人移到空气新鲜处，解开衣领、裤带，放低头部，并使其头向后仰，有利于病人呼吸道通畅。

（2）将病人撤离危险区域后，在保持病人呼吸道通畅的同时，务必注意身体保暖，防止着凉。

（3）能饮水者，可喝少量的热糖茶水，让其安静休息。

（4）对有自主呼吸者，应给予氧气吸入，有条件时迅速将重症患者移入高压氧舱治疗。

（5）重症患者经通风、给氧后可逐渐缓解症状。如仍有昏迷，应注意保持呼吸道通畅，同时注意用抗生素预防感染，并注意清除口腔、鼻腔的分泌物和呕吐物。

（6）如出现昏睡、昏迷，可用手指按压刺激人中、十宣、涌泉等穴，让病人苏醒，并应迅速送往医院治疗。

4．煤气中毒纠正后的处理

（1）坚持早晨到公园或在阳台进行深呼吸运动、扩胸运动，每天 30 分钟左右，轻、中型中毒者应连续晨练 7~14 天；重型中毒者可根据后遗症情况，连续晨练 3~6 个月，做五禽戏、铁布衫功、八段锦等。

（2）继续服用"金维他"每天 1~2 丸，连服 7~14 天；或维生素 C 0.1~0.2 克，每天 3 次；亦可适量服用维生素 B_1、B_6、复合维生素 B 等。

（3）煤气中毒者在恢复期宜食清淡、易消化的食物，多吃高蛋白及含维生素 C、B、E 族的蔬菜与水果、茶、绿豆粥、鱼粥、鸡粥、瘦肉汤等，待恢复后可吃普通食物。

（二）煤气中毒的预防

经专家调查：每年秋末冬初是煤气中毒的高发季节，如果有意识地预防，80% 的事故是可以避免的。

1. 正确使用煤气、燃气

预防煤气中毒，首先应学会正确使用煤气、燃气。

（1）安装煤气、天然气设施，要邀请专业人员规范安装，不要将燃气管道设备放在密封的地方。

（2）使用煤气、天然气时，应尽可能打开门窗，并开启排气装置。定期检查钢瓶是否过期或皮管是否老化，如图5-5所示。

（3）离家外出或每天睡觉前，应检查阀门是否关闭，煤气管道是否漏气。若家中长期无人居住，应关闭自用燃气阀门，并给物业或房管部门留下联系方式。

图 5-5　预防煤气中毒

（4）利用天然气热水器洗澡时，最好要有他人照看，防止热水器火焰熄灭，造成漏气。热水器不能使用直排式，洗澡时浴室要保持通风，洗澡时间也不宜太长。

（5）用煤炉烧饭、做菜、取暖时，一定要把产生的废气通过管道输出室外。液化气罐中的残渣不能随意处理，以免引起火灾。如发现火焰呈黄色，说明燃烧异常，这时一定要开窗通风。

2. 经常检查煤气设备，防止漏气

（1）检查煤气有无泄漏，安装是否合理，燃气灶具有无故障，使用方法是否正确。

（2）冬天的取暖方法是否正确，煤气管道是否畅通，室内通风是否良好。

（3）尽量不使用煤炉取暖，如果使用，要学会检查烟囱、风斗是否正常。

（4）热水器应与浴室分室而建，并经常检查煤气与热水器连接管线是否完好。

（5）进入室内后如感到有煤气味，应迅速打开门窗，并检查有无煤气泄漏或者有煤炉在室内，切勿点火。

（6）经常擦拭灶具，保证灶具不致造成人体污染。使用煤气开关后，应用肥皂洗手，并用流水冲净。

（7）在厨房内安装排气扇或排油烟机。

（8）一定要使用煤气专用橡胶软管，每半年检查一次管道通路。

🔍 小案例

2016年1月25日下午5时左右，在八步区东宁街原九姐妹商场宿舍后发生一起因洗澡造成的煤气中毒事件，中毒者为30岁左右的男性。当时该男子正在洗澡，因为煤气泄漏及浴室不通风而中毒，昏迷在家中。

请思考

如果你是该男子父母，会怎么做？

四、饮用水污染

水源污染、管网污染、二次供水污染等各种因素，都能导致饮用水中出现致病病菌或有毒有害物质。当井水、河水、自来水或饮水机的桶装水颜色浑浊、有悬浮物、有异味或水温出现明显异常时，很可能发生了水污染。

（一）饮用水污染的应对措施

（1）发现水管爆裂或水龙头漏水、跑水，应立即向有关部门报告水管爆裂或水龙头漏水、跑水的准确地点，同时设法关闭供水总阀门。发生水管爆裂事故后，应远离事故现场，不要围观，以免影响抢修工作的正常进行，如图5-6所示。

图5-6　抢修人员

（2）当河水、饮用水被污染时，应立即停止使用，及时向卫生监督部门或疾病预防控制中心报告情况，并告知居委会、物业部门和周围邻居停止使用，如图5-7所示。

（3）如果发现饮用水、河水受到污染，若情况允许，用干净的容器留取3~5升水作为样本，提供给卫生防疫部门进行检查鉴定，以便进行处理。

（4）不慎饮用了被污染的水，要密切关注自己的身体有无不适。如果出现异常，应立即到医院就诊。

图5-7　水污染

（二）饮用水污染的预防

（1）从自身生活习惯做起，减少生活用水污染。多用肥皂，少用洗涤剂；不向江河湖海倾倒垃圾、污水；不去饮用水源地游玩、游泳、捕鱼、划船等；提醒家人不要在河边、湖边倾倒垃圾；洗碗盘时尽量不用或少放洗涤剂；剩菜里的油腻物应倒入垃圾箱。

（2）地面水要净化和消毒后才可饮用，井水也应消毒后再饮用。

（3）经常用流水清洗水龙头，保持自来水龙头的卫生。不要自行改装自来水管道。

（4）遇到突然停水时不要惊慌，供水部门会在短时间内向群众说明停水原因。停水后应立即关好水龙头，防止来水后造成跑水事故；来水后需打开水龙头适当放水，待管道内的残水及杂质冲放干净后再使用。

（5）饮水机应定期清洗和消毒；不用时应关闭电源。

（6）当井水、河水、自来水或饮水机的桶装水颜色浑浊、有悬浮物、有异味或水温出现明显异常时，很可能发生了水污染，应立即停止使用。

（7）有条件的家庭，可以使用净水器，保证生活用水安全。

🔍 小案例

2015 年 5 月 31 日，张家口宣化县一中发生了因饮用水渗入污水的水污染事件，部分学生饮水后出现呕吐、腹泻等现象。

请思考

从上述案例中，你得到什么启发？

五、水电事故

（一）停电事故

突然停电可能毁坏电器，并直接影响人们的正常生活。

1．停电事故的应对措施

（1）遇到停电，应利用手电筒等照明工具，首先检查内部配电开关、漏电保护器是否跳开。

（2）室内有焦糊味、冒烟和放电等现象，应立即切断所有电源，以免发生火灾。

（3）保险丝熔断，应及时更换，但不能用铜、铁、铝丝代替。

2．停电事故的预防

（1）家中或宿舍应备有蜡烛、手电筒等应急照明光源，并放置在固定的位置。

（2）电线老化易造成停电事故，应尽快报告有关部门，由专业电工进行维修或更换。

（3）如果发现不是室内原因造成停电，应及时与物业管理人员联系，进行检修。

小案例

某天晚上，学生小丽正在学校教学楼一间教室上晚自习，其他教室内也零星坐了上自习的同学，突然教学楼停电，一片漆黑，到处是学生的尖叫声。

请思考

这时如果你在教室里，应该怎样做？

（二）触电事故

安全用电，给人们带来方便、安全和幸福；违规用电，则会给人们带来痛苦、不幸和损失。违规用电容易引起火灾和触电事故。

1．触电事故的应对措施

（1）迅速解脱电源。发生触电事故时，切不可惊慌失措，束手无策。首先，要马上切断电源，使人脱离电流损害的状态，这是能否抢救成功的首要因素。因为当触电事故发生时，电流会持续不断地通过触电者。我们知道，触电时间越长，对人体损害越严重。为了减少伤害，必须马上切断电源。其次，当人触电时，身上有电流通过，已成为一个带电体，对救助者是一个严重威胁，如不注意安全，同样会使救助者触电。因此，必须先使人脱离电源后方可抢救。使人脱离电源的方法有以下几种。

图 5-8　立即切断电源

①出事附近有电源开关和电源插头时，可立即将闸刀打开，将插头拔掉，以切断电源，如图 5-8 所示。但普通的电灯开关（如拉线开关）只能切断一根线，有时不一定切断的是相线，因此不能认为是切断了电源。

②当有电的电线触及人体引起触电，不能采用其他方法脱离电源时，可用绝缘的物体（如木棒、竹竿、手套等）将电线移走，使人脱离电源，如图 5-9 所示。

③必要时可用绝缘工具（如带有绝缘柄的电工钳、木柄斧头及锄头等）切断电源。

④快速切断电源，解脱电源时，有两个

图 5-9　挑开电线

问题需注意：一是脱离电源后，人体的肌肉不再受到电流的刺激，会立即放松，人会自行摔倒，造成新的外伤（如颅底骨折），特别在高空时更危险。因此，脱离电源后需有相应的措施配合，避免此类情况发生，加重病情。二是解脱电源时要注意安全，决不可再误伤他人，将损害扩大。

（2）简单诊断。解脱电源后，病人往往处于昏迷状态，情况不明，应尽快对心跳和呼吸的情况作出判断，看是否处于"假死"状态。因为只有明确的诊断，才能及时正确地进行急救。处于"假死"状态的病人，因全身各组织处于严重缺氧的状态，情况十分危险，只能用一些简单有效的方法，达到简单诊断的目的。具体方法如下：将脱离电源后的人迅速移至通风、干燥的地方，使其仰卧，将上衣与裤带解开，如图5-10所示。

图 5-10　解开衣裤

①观察有无呼吸存在。当有呼吸时，我们可看到胸廓和腹部的肌肉随呼吸上下运动。用手放在鼻孔处，呼吸时可感到气体的流动。相反，无上述现象，则往往是呼吸已停止。

②摸一摸颈部的动脉和腹股沟处的股动脉看有没有搏动。因为当有心跳时，一定有脉搏。颈动脉和股动脉都是大动脉，位置表浅，很容易感觉到它们的搏动，因此常常作为是否有心跳的依据。另外，在心前区也可听一听是否有心跳声，有心跳声则有心跳。

③看一看瞳孔是否扩大。当处于"假死"状态时，大脑细胞严重缺氧，处于死亡的边缘，瞳孔会自行扩大，说明大脑组织细胞严重缺氧，人体处于"假死"状态。

通过以上简单的检查，我们即可判断病人是否处于"假死"状态，并依据"假死"的分类标准，可知其"假死"的类型。这样，我们在抢救时便可有的放矢，对症治疗。

（3）处理方法。经过简单诊断后的患者，一般可按下述情况分别处理。

①患者神志清醒，但感觉乏力、头昏、心悸、出冷汗，甚至有恶心或呕吐症状。此类患者应就地安静休息，减轻心脏负担，加快恢复；情况严重时，小心送往医疗部门，请医护人员检查治疗。

②患者呼吸、心跳尚在，但神志昏迷。此时应将患者仰卧，周围的空气要流通，并注意保暖。除了要严密地观察外，还要做好人工呼吸和心脏按压的准备工作（图5-11），并立即通知医疗部门或用担架将病人送往医院。在去医院的途中，要注意观察患者是否突然出现"假死"现象；如有"假死"，应立即抢救。

图 5-11 人工呼吸

③如经检查后，患者处于"假死"状态，则应立即针对不同类型的"假死"进行对症处理。心跳停止的，用体外人工心脏按压法来维持血液循环；如呼吸停止，则用口对口的人工呼吸法来维持气体交换。呼吸、心跳全部停止时，则需同时进行体外心脏挤压法和口对口人工呼吸法，同时向医院告急求救。在抢救过程中，任何时刻抢救工作都不能中止，即便在送往医院的途中，也必须继续进行抢救，一定要边救边送，直到心跳、呼吸恢复。

（4）电灼伤的处理。高压触电时（1 000V 以上），两电极间电的温度可高达1 000℃ ~4 000℃，接触处可造成十分广泛严重的烧伤，往往深达骨骼，处理较复杂，现场抢救时，要用干净的布或纸类进行包扎，减少污染，以便于今后的治疗。

2. 触电事故的预防

安全用电是防止触电事故发生的最好办法，因此，每一个公民都应该积极参加学校或社会组织的安全用电常识讲座学习，自觉学习安全用电基本常识，树立安全用电意识，如图 5-12 所示。

图 5-12 学习触电类型

（1）无论是集体或个人，需要安装电气设备和电灯等用电器时，应由专业电工进行安装。在使用中，电气设备出现故障时，要由专业电工进行修理。

（2）宿舍、教室内不乱拉乱接电线、乱接用电设备，用电设备的金属外壳应有良好的接地线路。用电线路及电气设备绝缘必须良好，灯头、插座、开关等的带电部分绝对不能外露，严防人体触及带电部分。不能用手指、小刀、钢笔、铁丝、铁钉、别针等触、捅室内电线、插座和开关。

（3）晒衣服的铁丝不要靠近电线，以防铁丝与电线相碰。更不要在电线上晒衣服、挂东西，如图5-13所示。此外，还要防止藤蔓、瓜秧、树木等接触电线。家用电热设备、暖气设备一定要远离煤气罐、煤气管道。

（4）不要玩弄电线、灯头、开关、电动机等电气设备，不要到电动机和变压器附近玩耍，不要爬电线杆或摇晃电线杆拉线，如图5-14所示。

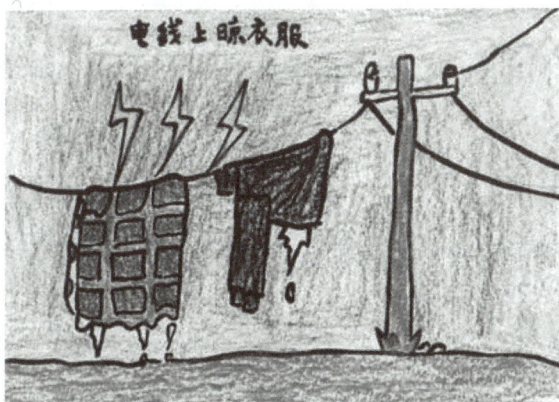

图5-13 不要在电线上晒衣服

图5-14 攀爬电线杆危险

（5）要选用与电线负荷相适应的熔断丝，不要任意加粗熔断丝，严禁用铜丝、铁丝等代替熔断丝。在更换熔断丝、拆修电器或移动电器设备时必须切断电源，不要冒险带电操作，如图5-15所示。

（6）要选用合格的电器，不要贪便宜购买使用假冒伪劣电器、电线、线槽（管）开关、插头、插座等。使用电熨斗、电吹风、电炉、"热得快"等家用电热器时，人不要离开，更不要与易燃物接触，如图5-16所示。

（7）要避免在潮湿环境下使用电器，更不能使电器淋湿、受潮。电器长期不用，重新使用前要认真检查后再用。

图5-15 正确选用熔断丝

（8）家用电器用完后，应及时切断电源，拔下插头，以防意外。

（9）不用湿手、湿布擦带电的灯头、开关和插座等。不要用手触及带电工作的设备，不要让手或身体的任何部位触及裸露的线头或电线。

（10）安装室内线路或电气设备时，应先拉下进线开关，验明确实无电，如系供电部门停电，应视为随时有来电的可能。定期检查电线、开关、电灯灯口及用电器的插头、引线，若有老化破损，必须及时更换。

图 5-16 　不要与易燃物接触

（11）对规定使用接地的用电器具的金属外壳要做好接地保护，不要忘记给三孔插座安装接地线，不要随意把三孔插头改为二孔插头。

（12）发现落地的电线，离开 10 米以外，更不要用手去拾。同时，要设法看护落地电线，并请电工来处理，以防他人走近而发生触电。不接触高于 36V 的低压带电体，不靠近高压带电体。

（13）移动电气设备时，一定要先拉闸停电，后移动设备，绝不要带电移动。把电动机等带金属外壳的电气设备移到新的地点后，要先安装好接地线，并对设备进行检查，确认设备没问题后，才能开始使用。

（14）遇到雷雨天气，要停止使用电视机，并拔下室外天线插头，防止遭受雷击。室外电闪雷鸣时，不要站在树下，也不要在室内打电话。

（15）不要用石块或弹弓打电线、瓷瓶上的鸟，以防打伤、打断电线或打坏瓷瓶。不要在电线附近放风筝，万一风筝落在电线上，要放弃风筝。

（16）遇到有人触电，千万不要自己去救，不能直接接触触电者，如图 5-17 所示。应用干燥木棍或其他绝缘物体将电源线挑开，使触电者脱离电源，并及时拨打 110 或 120 电话求助。

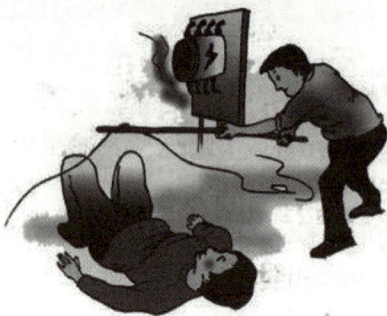

图 5-17 　不要直接接触触电者

小案例

2017 年 6 月 28 日下午 5 时许，某化工学校宿舍内发生一起学生因私接电线引发的触电事故。该校二年级学生张然（化名）在私自接电线时不慎触电，当场死亡。经调查，28 日下午 5 时左右，张然下课后回到宿舍，为节省手提电脑电池的用电，就找出两根铜芯电线，从头顶上的吊扇电源上引出，作为手提电脑的电源。在其从吊扇电源处往外接线的过程中，因操作不慎，触到了两根电线外露的铜线头部分。

六、电梯故障应急

电梯是高层建筑中重要的运载工具，如图5-18所示。一旦出现故障，如乘客被困、坠落，极易造成乘客恐慌及其他危险。

（一）电梯故障的应对措施

（1）电梯速度不正常，应两腿微微弯曲，上身向前倾斜，以应对可能受到的冲击。

（2）被困电梯内，应保持镇静，立即用电梯内的警铃、对讲机或电话与管理人员联系等待外部救援。如果报警无效，可以大声呼叫或间歇性拍打电梯门。

图 5-18　高层建筑电梯

（3）运行中的电梯井进水时，应将电梯开到顶层，并通知维修人员。

（4）如果乘梯途中发生火灾，应将电梯在就近楼层停梯，并迅速利用楼梯逃生。

（二）电梯故障的预防

（1）电梯困人是一种保护状态，而不是危险状态，因此不必惊慌，如图5-19所示。

（2）电梯运行时，不要靠近梯门，以防被夹，伤害身体。

（3）电梯停运时，不要轻易扒门爬出，以防电梯突然开动，造成伤害。

（4）在发生地震、火灾，电梯井进水等紧急情况下，严禁使用电梯，应改用消防通道或楼梯。

图 5-19　电梯被困等待人员救助

🔍 **小案例**

毕业生小明去一家公司面试，该公司在某写字楼19层1908房间，当小明乘坐电梯到 16 层时，突然发生电梯故障，电梯停在了两层之间。

请思考

如果是你，应该怎样帮助和你一起受困的人员？

第二节　卫生防疫安全

为了保障学生身体健康和生命安全，保持学校正常的教学秩序，维护社会的稳定，学校有关部门对卫生防疫安全问题一直十分关注。作为学生也要提高自身卫生防疫安全意识，确保身体健康。因此，在日常生活、学习中，请大家注重卫生防疫安全。

常见的传染病主要有：流行性感冒、病毒性肝炎、肺结核、流行性出血热、腮腺炎、水痘、风疹、流脑、红眼病、狂犬病、非典型性肺炎、鼠疫、霍乱、高致病性禽流感等，特别是在季节交替之际，更要注意预防各种传染性疾病，如图 5-20 所示。

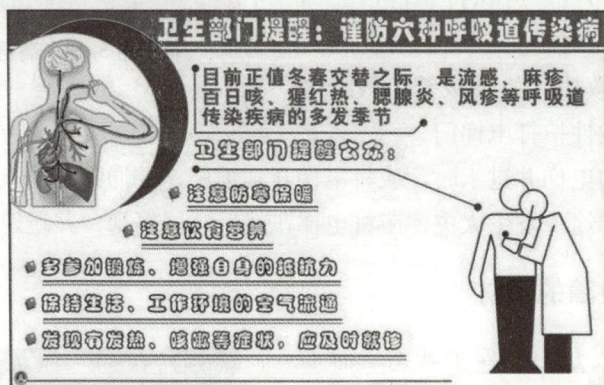

图 5-20　预防传染性疾病

一、流行性感冒

流行性感冒简称流感，是由流感病毒引起，主要通过空气飞沫传播，是具有高度传染性的急性呼吸道传染病。它不同于普通感冒，具有发病快、传染性强、发病率高等特点，如图 5-21 所示。

流感的症状重，发烧多在 38℃以上，且浑身酸痛、头痛明显，而呼

图 5-21　流感与普遍感冒的差别

吸道症状如咳嗽、流鼻涕则较轻。对于老年人、儿童、孕妇和体弱多病的人群，流感容易引发严重的并发症，甚至致人死亡。

（一）对流行性感冒的应对措施

（1）有流感症状时，要注意休息，多喝水，开窗通风。

（2）流感患者应与其他人分餐。

（3）流感患者的擤鼻涕纸和吐痰纸要包好，扔进加盖的垃圾桶中，或直接扔进抽水马桶用水冲走。

（4）流感患者应与他人（特别是老人和孩子）分室而居。

（5）发生流感时应尽量避免外出活动，不要去商场、影剧院等公共场所，若出门应戴口罩。

（6）重症患者应在医院隔离治疗。

（二）流行性感冒的预防

（1）无论何种原因，如身体持续发热，都应尽早就医。

（2）流感早期服用感冒冲剂或板蓝根冲剂，可减轻症状。

（3）保持室内空气流通。教室、宿舍、家庭等每天要开窗通风 3 次以上，每次至少 10~15 分钟；空调设备应定期清洗空气过滤网。

（4）养成用流动的水勤洗手、洗脸，不用他人毛巾擦手、擦脸，不用脏手揉眼睛，不随地吐痰，打喷嚏、咳嗽时捂住口鼻等良好习惯。

（5）定期注射流感疫苗。

（6）要养成良好的锻炼身体的习惯，可以通过早操、体育课、课间操、课外活动等体育锻炼活动，增强身体素质，增强抵抗流行性疾病的能力。

小案例

1915~1920 年，世界发生了历史上著名的严重流行性感冒——"西班牙流感"。该次流感所造成的灾难是流感流行史上最严重的一次，也是历史上死亡人数最多的一次。估计全世界患病人数在 5 亿人以上，发病率为 20%~40%。当年，近 1/4 的美国人得了流感，50 多万人因此死亡。随着第一次世界大战战火的不断升级，欧洲乃至世界范围都爆发了流感，几年内共出现了 3 次流行高潮，临床发病率高达 40% 以上，并出现了多种类型的肺炎并发症，在全球范围内造成 2 000 万 ~4 000 万人死亡，远远高于第一次世界大战的死亡估计人数。在这场流感之后，美国人的平均寿命下降了 10 年。1917 年美国人的平均寿命大约是 51 岁，到 1919 年美国人的平均寿命仅为 39 岁。

二、病毒性肝炎

病毒性肝炎是由肝炎病毒引起的一种传染性疾病，分为甲、乙、丙、丁、戊 5 种类型。甲型、戊型肝炎一般通过饮食传播，毛蚶、泥蚶、牡蛎、螃蟹等均可成为甲肝病毒携带物；乙型、丙型、丁型肝炎主要经过血液、母婴和性传播。部分慢性乙型肝炎还可能发展为肝癌或肝硬化。

病毒性肝炎的主要症状是身体疲乏、食欲减退、恶心、腹胀、肝脾肿大及肝功能异常，部分患者可能出现黄疸。乙肝、丙肝病毒携带者可能无任何肝炎症状，如图 5-22 所示。

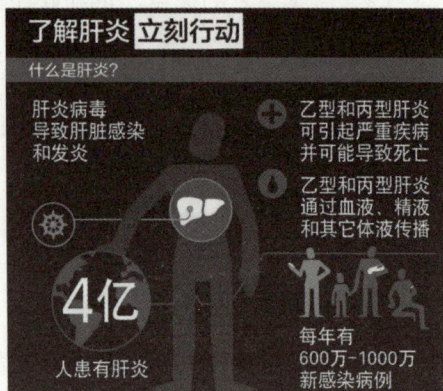

图 5-22　了解肝炎

（一）对病毒性肝炎的应对措施

（1）肝炎患者自发病之日起必须进行 3 周隔离。

（2）肝炎患者用过的餐具要在开水中煮 15 分钟以上进行消毒。

（3）不要与肝炎患者共享生活用品，对其使用过或接触过的公共物品和生活物品要及时消毒。

（4）如与肝炎患者共享同一卫生间，要用消毒液或漂白粉对便池消毒。

（5）不要与乙型、丙型、丁型肝炎患者及病毒携带者共享剃刀、牙具等；不要与乙肝患者发生性关系，如发生性关系时要使用避孕套或提前接种乙肝疫苗。

（6）从事食品加工和销售、水源管理、托幼保教工作的患者，应暂时调离工作岗位。

（二）对病毒性肝炎的预防

（1）养成用流动的水勤洗手、洗脸、不用他人毛巾擦手、擦脸等好习惯。

（2）生熟食物要分开放置和储存，避免熟食受到污染。

（3）食用毛蚶、泥蚶、牡蛎、螃蟹等水产品，必须加工至熟透再吃。

（4）生吃瓜果蔬菜要洗净。不喝生水。

（5）不要与肝炎患者共享生活用品（餐具、剃刀、牙具、毛巾等），对其使用过的物品要及时消毒。

（6）定期注射或接种、乙肝疫苗。

　　世界上最悠久及最受重视的同行评审性质之医学期刊《柳叶刀》近日发表的一份研究报告称，病毒引起的肝炎已经成为夺走生命、造成残疾的"头号杀手"，每年致死人数超过艾滋病、肺结核或者疟疾。

　　这份基于 183 个国家相关数据的报告显示，从 1990 年到 2013 年，由病毒性肝炎引发感染、肝脏疾病和癌症致死的人数增长了 63%，从 89 万人增长到 145 万人。"1990 年以来，包括肺结核和疟疾等传染性疾病的致死人数已经下降，病毒性肝炎的死亡人数却不减反增"。这项研究的牵头人、英国帝国理工学院医学系教授格雷厄姆·库克说。肝炎有五种类型，目前已有预防甲型肝炎和乙型肝炎的疫苗，对丙型肝炎没有疫苗，但有治疗方法。"然而，新药价格过于昂贵，无论贫富国家都难以承受"库克说。

　　及时治疗能够防止乙肝和丙肝进一步发展成为慢性肝脏疾病，但据估计，95% 的患者都没有意识到自己已经感染了肝炎。

请思考

从上面这篇资料中，谈谈你对病毒性肝炎的认识。

三、流行性出血性结膜炎

　　流行性出血性结膜炎俗称红眼病，是由病毒引起的急性传染性眼炎。主要症状是眼部充血肿胀，有异物感，眼部分泌物增多。

（一）对流行性出血性结膜炎的应对措施

　　（1）患上红眼病应及时就诊，并告知他人注意预防。

　　（2）不与红眼患者共享毛巾及脸盆。

　　（3）红眼患者应尽量不去人群聚集的商场、游泳池、公共浴池、工作单位等公共场所。

　　（4）可以使用抗病毒的滴眼液滴眼治疗。红眼患者接触过的公共物品，要用含氯消毒剂消毒或用蒸煮 15 分钟的方法进行消毒。

　　（5）当学校等人群聚集的场所发现红眼病患者时，应报告卫生防疫部门。

（二）对流行性出血性结膜炎的预防

　　（1）红眼病患者要注意将生活用品和办公用品与他人分开使用。

　　（2）为预防红眼病，外出时应携带消毒纸巾，不用他人的毛巾擦手、擦脸；外出回家、回单位时，应使用流动的水洗手、洗脸。

　　（3）养成不用脏手揉眼睛的习惯。

（4）尽量不去卫生状况不好的美容美发店、游泳池，那里有可能成为红眼病的传染源。

🔍 小案例

记者从湖南某市有关医院门诊了解到，近期家庭集体患红眼病的病例显著增加。有关人员提醒，目前态势值得警惕，广大市民要注意防范红眼病，而已经感染的患者应自觉隔离。

1. 学生和外来工成高发群体

有关人员介绍，从该市五区报告红眼病发病情况来看，病例主要集中在家庭、学校、幼儿园和外来工聚集的工厂等，凸显了部分人群卫生意识薄弱的问题。

记者昨日从该市中医院获悉，与前一段时间的散发性个案相比，最近多了不少一家数口集体"红眼"上医院的情况，细问其活动接触史，有的是被亲友传染；有的是在游泳后染上；有的则是在公共场所活动后获得。而某城区中心医院反馈的信息也表明，眼科门诊中的红眼病患者从7月以来一直较多，并且该病单纯局部治疗效果差，时间长。很多患者都是全家一起来看病的，医院一个早上可用掉好几大瓶眼睛清洗液。据某医生介绍说，红眼病的发病高峰以往多从6月开始，到7月、8月达到顶峰。

2. 学校发病2例停开游泳池

据疾控中心人员介绍，红眼病传染性极强，预防该病最关键的就是不要用手揉眼睛。红眼病主要通过接触传染，只要健康的眼睛接触了患者的眼睛分泌物或眼泪污染过的东西，如毛巾、手帕、脸盆、书、玩具、电梯扶手、门把手、水龙头、钱币等，就会受到传染，在几小时后或1~2天内发病。学校及托幼机构需做好新学期开学的晨检工作，严格落实传染病报告及消毒、病例隔离防控措施。

疾控中心人员提醒，根据规定，各学校等集体单位一旦发生2例以上红眼患者，必须停止眼保健操2周以上，并关闭泳池。另外，市民如感染红眼病，要自觉居家养病，暂不要上课、上班、游泳等，并注意个人卫生，避免传染他人。

3. 眼药水避免公用防传染

据疾控人员介绍，现在市面上销售的各类治红眼病的眼药水，其实预防作用有限，只能达到减轻患者症状的效果。因此，市民最主要的预防还是注意个人用眼卫生；另外眼药水千万不可公用，以免瓶口污染成为疾病的传染源。

请思考

你知道如何预防红眼病吗？

四、非典型性肺炎

非典型性肺炎（SARS）是一种由新型冠状病毒引起的严重急性呼吸道病症。主要通过近距离呼吸道飞沫、直接接触患者呼吸道分泌物及密切接触传播。非典型性肺炎的症状是发热、干咳、呼吸急促、呼吸困难等。该病的症状与流感和肺炎不易区别，如不及时治疗，会导致病人死亡。

（一）对非典型性肺炎的应对措施

（1）出现非典型性肺炎症状应及时到医院发热门诊就医。一旦确诊，需要住院并隔离治疗。

（2）如出现 SARS 疫情，为避免感染，一般人尽可能不去医院。必须去医院看病的，须戴上口罩，回家后洗手、洗脸、消毒。

（3）出现病例较多的局部地区要加强卫生宣传，还要在患者周围加强监测。避免在商场、影剧院等通风不畅和人员聚集的地方长时间停留。

（4）居室和教室要经常开窗通风，即使在冬季，每天也要开窗通风 3 次以上，每次至少 10~15 分钟。

（5）对出现一例或多例患者的家庭，应进行医学监测，并由当地疾病控制机构采取消毒措施。

（二）对非典型性肺炎的预防

（1）户内经常通风换气，促进空气流通，勤打扫环境卫生，勤晒衣服和被褥等。

（2）经常到户外活动，呼吸新鲜空气，增强体质。

（3）保持良好的个人卫生习惯，打喷嚏、咳嗽和清洁鼻子后要洗手。洗手后用清洁的毛巾和纸巾擦干。不要共享毛巾。

（4）注意均衡饮食、定期运动、充足休息、减轻压力和避免吸烟，根据气候变化增减衣服，增强身体的抵抗力。

（5）要保持空调设备的良好运行，并经常清洗隔尘网，保证商场、超市、影剧院等场所中央空调系统的送风安全，必要时应对供气设备进行消毒。根据季节变化，尽可能开窗通风换气。

（6）SARS 一般在与患者密切接触后 14 天内发病。与 SARS 患者有过密切接触的人，应立即向当地疾病预防控制中心报告，并定时测量自己的体温。

🔍 **小案例**

2002 年 11 月 16 日，广东河源市第一人民医院接诊了一例特殊肺炎患者。事后推测，这就是中国首例非典型肺炎病例。2002 年 12 月 15 日，河源紫金县的黄某和郭某先后住进了河源市人民医院。河源市人民医院急诊科一位不愿透露姓名的女医生说，这两个患者，其症状是咳嗽、发烧，肺部有阴影，怀疑感染不明细菌。河源疾病控制中心负责人也介绍，黄某和郭某两人病症相似，都是畏寒、发热、咳嗽。不久，随着病情发展，两名患者分别转入深圳福田医院和广州陆军总医院。两人转院后，曾经接诊过他们的5名医务人员先后出现与患者相同的症状。于是，"谣言"随之诞生。2003年1月2日，恐慌的人们在河源各大药店门口排起了长队。记者了解到，当时的人们虽然都涌到了药店，但是根本不清楚应该买什么药，只是跟风抢购一些抗病毒药品。有人一下子竟然买10多盒。不久，全城药店此类药品脱销，买不到药的人更加恐慌，直到晚上9时多药店关门还有人在排队。更有的家长赶着去学校将孩子接回家避"祸"。

请思考

如果你遇到这种情况，你会怎样做呢？

五、高致病性禽流感

禽流感是禽流行性感冒的简称，是由A型禽流行性感冒病毒引起的一种禽类（家禽和野禽）传染病。禽流感病毒感染后可以表现为轻度的呼吸道症状、消化道症状，死亡率较低；或表现为较严重的全身性、出血性、败血性症状，死亡率较高。这种症状上的不同，主要是由禽流感的毒型决定的。根据禽流感致病性的不同，可以将禽流感分为高致病性禽流感、低致病性禽流感和无致病性禽流感。国内外由H5N1血清型引起的禽流感称高致病性禽流感，发病率和死亡率都很高，危害巨大。

（一）对高致病性禽流感的应对措施

（1）当发生高致病性禽流感疫情后，应尽量避免接触死亡的禽类。处理死亡家禽时，应穿防护衣，戴手套和口罩，事后马上消毒或用肥皂洗手。

（2）接触禽类后，如出现发烧、头痛、发冷、多汗、浑身疼痛无力、喉咙痛、咳嗽等症状，且48小时内不退烧者，应马上到医院就诊。

（3）发生禽流感疫情时，应采取强制性防疫措施。

（二）对高致病性禽流感的预防

（1）加强禽类疾病的监测，一旦发现禽流感疫情，动物防疫部门应立即按有关规定进行处理。养殖和处理的所有相关人员做好防护工作。

（2）加强对密切接触禽类人员的监测。当这些人员中出现流感样症状时，应立即进行流行病学调查，采集病人标本并送至指定实验室检测，以进一步明确病原，同时应采取相应的防治措施。

（3）接触人禽流感患者应戴口罩、戴手套、穿隔离衣。接触后应洗手。

（4）要加强检测标本和实验室禽流感病毒毒株的管理，严格执行操作规范，防止医院感染和实验室的感染及传播。

（5）注意饮食卫生，不喝生水，不吃未熟的肉类及蛋类等食品；勤洗手，养成良好的个人卫生习惯。

（6）药物预防。对密切接触者，必要时可试用抗流感病毒药物或按中医药辨证施防。

🔍 小案例

山西省卫生计生委16日晚通报称，山西省2017年确诊1例人感染H7N9病毒病例。

据悉，患者张某某，女，66岁，现住大同市城区。5月14日至16日，经大同市疾病预防控制中心、山西省疾病预防控制中心实验室检测和中国疾病预防控制中心实验室复核检测，患者相关标本H7N9病毒核酸阳性。目前，患者病情仍较重，但整体情况稳定。

事件发生后，山西省迅速启动突发急性传染病应急机制和应对人感染H7N9禽流感Ⅲ级卫生应急响应，成立工作组赴大同市部署指导患者救治、疫情溯源、疫情防控等相关工作。

请思考

在了解该病例后，你有什么看法？

六、甲型 H1N1 流感

甲型 H1N1 流感病毒是 A 型流感病毒，携带有 H1N1 亚型猪流感病毒毒株，包含有禽流感、猪流感和人流感三种流感病毒的脱氧核糖核酸（DNA）基因片断，同时拥有亚洲猪流感和非洲猪流感病毒特征。

早期症状与普通人流感相似，包括发热、咳嗽、喉痛、身体疼痛、头痛、发冷和疲劳等，有些还会出现腹泻或呕吐、肌肉痛或疲倦、眼睛发红等。

（一）对甲型 H1N1 流感的应对措施

（1）对疑似和确诊患者应进行就地隔离治疗，强调早期治疗。

（2）对人感染甲型 H1N1 流感，目前主要是综合对症支持治疗。注意休息、多饮水、注意营养，密切观察病情变化；发病初期的 48 小时是最佳治疗期，对高热、临床症状明显者，应拍胸片，查血气。

（3）药物治疗。应及早应用抗病毒药物，可试用奥司他韦（oseltamivir 达菲）。如出现细菌感染可使用抗生素。

（4）中医辨证治疗。如症状为发热、恶寒、咽痛、头痛、肌肉酸痛、咳嗽，可服用莲花清瘟胶囊、银黄类制剂、双黄连口服制剂。如症状为发热或恶寒、恶心、呕吐、腹痛腹泻、肌肉酸痛，可服用葛根芩连微丸、藿香正气制剂等。如症状为高热、咳嗽、胸闷憋气、喘促气短、烦躁不安甚至神昏谵语，可选用安宫牛黄丸及痰热清、血必净、清开灵、醒脑静注射液等。

（二）对甲型 H1N1 流感的预防

（1）减少到公共人群密集场所的机会，对于那些表现出身体不适、出现发烧和咳嗽症状的人，要避免与其密切接触。

（2）养成良好的个人卫生习惯，包括睡眠充足、吃有营养的食物、多锻炼身体、勤洗手，要使用香皂彻底洗净双手。

（3）在烹饪特别是洗涤生猪肉、家禽（特别是水禽）时应特别注意，尤其是有皮肤破损的情况。尽量减少接触机会。

（4）可以考虑戴口罩，降低风媒传播的可能性。

（5）定期服用板蓝根（可以考虑有一定规律性），大青叶、薄荷叶、金银花作茶饮。

（6）注意类似临床表现，要引起重视，特别是突发高热、结膜潮红、咳嗽、流脓涕等症状。

七、痢疾和伤寒

痢疾是由痢疾杆菌引起的，一般症状有发烧腹痛、腹泻、大便带脓血、一天十几次大便等。

伤寒患者开始感觉疲倦无力，不思饮食，常有肚胀、腹泻或便秘等症状，接着就发高烧，约两周左右才逐渐退烧，全身中毒症状相对缓慢，发病的第二周，病人身上会出现一些淡红色疹子，也叫玫瑰疹，脾脏会肿大，病重者还可能有神志不清、烦躁不安、说胡话等症状，后期还可能发生肠出血或肠穿孔症状。

（一）对痢疾和伤寒的应对措施

（1）家中若有痢疾和伤寒患者，一定要送医院治疗。

（2）对痢疾和伤寒患者的粪便和呕吐物要严格进行消毒处理，患者用过的餐具、马桶，患者的内衣内裤、被褥也要进行严格的消毒。

（3）搞好环境卫生，消灭苍蝇及其滋生地。

（二）对痢疾和伤寒的预防

（1）养成饭前便后洗手的良好习惯，如图 5-23 所示。水果要洗净、削皮再吃。食物要煮熟再食，不能蒸煮的凉菜和熟食的菜板与切其他生食品的菜板要分开使用。

图 5-23　勤洗手

（2）不喝生水，不吃被苍蝇或蚊子叮咬或爬过的食物，不吃变质腐败的食物，剩饭剩菜一定要热透再吃，不吃无卫生许可证的街边小贩经营的食品。

（3）加强锻炼，增强体质。平时吃饭时吃点大蒜或醋，有辅助治疗和预防痢疾的作用。

（4）最好不要参加大型聚餐活动，如婚丧娶嫁等活动。

小案例

10 月 11 日，重庆市南川区南平镇中心小学多名学生在吃过午饭之后出现呕吐、发烧症状，随后 91 名小学生被送往医院，诊断为宋内氏型志贺氏菌引起的细菌性痢疾，属丙类传染病。南川区启动公共卫生事件应急处理预案，一面救治学生，一面将学生食物及排泄物送检。10 月 16 日，经专家实验室检测，学校使用污染的井水作为生活用水是引起此次疫情的重要原因。

请思考

你看到这篇报道后有什么看法？

八、狂犬病

狂犬病是一种急性传染病，一旦发病无法救治，病死率达 100%。人被带有狂犬病毒的狗、猫咬伤、抓伤后，会引起狂犬病。

（一）对狂犬病的应对措施

（1）被宠物抓伤、咬伤后，应立刻到狂犬病免疫预防门诊接种狂犬病疫苗，第 1 次注射狂犬病疫苗的最佳时间是被咬伤后的 24 小时内，之后的第 3 天、第 7 天、第 14 天和第 28 天再各注射一次。

（2）被宠物咬伤、抓伤后，首先要挤出污血，用 3%~5% 的肥皂水反复冲洗伤口；然后用清水冲洗干净，冲洗伤口至少要 20 分钟；其次，擦浓度 75% 的碘酒，只要未伤及大血管，切记不要包扎伤口。

（3）如果一处或多处皮肤形成穿透性咬伤，伤口被犬的唾液污染，必须立刻注射疫苗和抗狂犬病血清。

（4）狂犬、狂猫立即击毙，以免伤人。咬过人的家犬、家猫等应设法捕获隔离10天，立即带到附近的动物医院诊断，并向动物防疫部门报告。

（二）对狂犬病的预防

（1）按照公安、农业等犬只管理部门的要求对犬只进行登记，定期为犬只接种疫苗，避免犬只与其他来源不明的犬只接触；看管好自家犬只，避免咬伤他人。

（2）发现宠物出现精神沉郁、喜卧暗处、唾液增多、后身躯体软弱、行走摇晃、攻击人畜、恐水等症状，要立即送往附近的动物医院或乡镇兽医站诊断。

（3）人被犬攻击咬伤，应立即向当地公安部门报告。

🔍 **小案例**

记者从湖南省疾病预防控制中心举行的相关主题活动上获悉，2016年1~9月，该省确诊狂犬病患者43例，发病率0.063 8/10万。

据湖南省疾病预防控制中心动物咬伤科诊室门诊医生陈万慧介绍，夏季为动物咬伤的高发季，该中心的日接诊量可达30~40人次，"一般是老人和小孩比较多，男性也比较多。"陈万慧表示，不少市民喜欢逗养动物，前来问诊的市民多被家养动物咬伤。

"狂犬病的死亡率是100%，预防和救治的最有效办法就是接种疫苗。凡是被犬类动物咬伤，出现皮肤破损就应该及时接种狂犬疫苗。"陈万慧表示，目前没有发病之前都允许接种狂犬疫苗，但最佳接种时间是被咬伤24小时之内。

据省疾控中心提供的数据显示，2013年湖南狂犬病发病人数83例，全国排名第三，发病率0.125/10万，发病率排名第八；2014年发病数65例，全国排名第六，发病率0.097 2/10万，发病率排名第八；2015年发病数75例，全国排名第三，发病率0.111 3/10万，发病率排名第五；2016年1~9月发病数43例，发病率0.063 8/10万。

请思考

你看到以上数据有什么想法？

九、艾滋病

艾滋病的医学全名为"获得性免疫缺陷综合征"（AIDS），是由艾滋病病毒（人类免疫缺陷病毒，HIV）引起的一种严重传染病。艾滋病主要通过性接触、血液和母婴三种途径传播。艾滋病是一种病死率极高的严重传染病，目前虽然还没有治愈的药物和方法，但可以预防。与艾滋病病人及艾滋病病毒感染者的日常生活和工作接触不会感染艾滋病。

（一）对艾滋病的应对措施

目前还没有能够治愈艾滋病的药物，已经研制出的一些药物只能在某种程度上缓解艾滋病病人的症状和延长患者的生命，其中最为有效的方法，是由美籍华裔科学家何大一于1996年提出的"鸡尾酒疗法"。

"鸡尾酒疗法"，又称"高效抗反转录病毒治疗"，因其与鸡尾酒配制形式相似而得名。该疗法是通过三种或三种以上的抗病毒药物联合使用来治疗艾滋病，减少单一用药产生的抗药性，最大限度地抑制病毒的复制，使被破坏的机体免疫功能部分甚至全部恢复，从而延缓病程进展，延长患者生命，提高生活质量，能够使艾滋病得到有效控制。据数理模型显示，患者在艾滋病毒感染初期使用蛋白酶抑制剂，两三年内不会受艾滋病毒侵害。这种"多管齐下"的疗法被认为是迄今为止临床上治疗艾滋病最为有效的一种疗法。但也存在缺点，如无法彻底清除 HIV，有较大毒副作用如恶心、贫血、肾结石等，需长期服药，药品价格贵，需经常调整药物组合，否则也会产生耐药性。有关专家正在针对这些问题不断研究和改进，在该疗法的基础上提出了不少改良的措施，如间歇疗法等。

积极接受医学指导和治疗，可以帮助艾滋病患者缓解症状、改善生活质量。

关心、帮助和不歧视艾滋病患者及艾滋病病毒感染者，是预防与控制艾滋病的重要方面。艾滋病患者及感染者的参与和合作，是艾滋病预防与控制工作的一个重要组成部分。对艾滋病患者及感染者的歧视不仅不利于预防和控制艾滋病，还会成为社会的不安定因素。艾滋病病毒感染者是疾病受害者，应该得到人道主义的同情和帮助。家庭和社区要为艾滋病患者及感染者营造一个友善、理解、健康的生活和工作环境，鼓励他们采取积极的生活态度、改变高危行为、配合治疗，有利于提高患者及感染者的生命质量、延长生命，也有利于艾滋病的预防与控制工作和维护社会安定。

（二）对艾滋病的预防

（1）洁身自爱、遵守性道德是预防经性途径传染艾滋病的根本措施。建设精神文明、提倡遵纪守法，树立健康积极的恋爱、婚姻、家庭及性观念，是预防和控制艾滋病、性病传播的根本之路。性自由的生活方式、婚前和婚外性行为是艾滋病、性病得以迅速传播的温床。卖淫、嫖娼等活动是艾滋病、性病传播的重要危险行为。有多个性接触者的人应停止高危行为，以免感染艾滋病或性病而葬送自己的健康和生命。青年人要学会克制性冲动，过早的性关系不仅会损害友情，也会对身心健康产生不良影响。夫妻之间彼此忠诚，可以保护双方免于感染艾滋病和性病。

（2）正确使用质量合格的避孕套，不仅可以避孕，还可以有效减少艾滋病、性病的危险。男性感染者将艾滋病传给女性的危险明显高于女性传给男性。妇女有权主动要求对方在性交时使用避孕套。

（3）及早治疗并治愈性病可减少感染艾滋病的危险。如怀疑自己患有性病或生殖器感染，要及时到正规医院或性病防治机构检查、咨询和治疗，还要动员与自己有性接触的人也去接受检查。部分女性感染性病后无明显症状，不易察觉，如有高危行为，应及时去医院检查和治疗。正规医院能提供正规、保密的检查、诊断、治疗和咨询服务。切不可找游医药贩求治，也不要购药自治，以免误诊误治，延长病程，增加感染艾滋病的机会。怀疑自己感染了艾滋病病毒时，应尽早到有条件的医疗卫生单位去做艾滋病病毒抗体检查和咨询。

（4）共享注射器吸毒是传播艾滋病的重要途径，因此要拒绝毒品，珍爱生命。远离毒品可以最大限度地避免因吸毒感染艾滋病。与他人共享注射器吸毒的人感染艾滋病的危险性特别大。不共享注射器、使用清洁注射器或消毒过的注射器，可以有效地减少吸毒传播艾滋病的危险。与注射毒品的人性交容易感染艾滋病。

（5）避免不必要的输血和注射，使用经艾滋病病毒抗体检测为阴性的血液和血液制品。依法无偿献血，杜绝贩血卖血，加强血液检测，是保证用血安全的重要措施。对血液制品进行严格的艾滋病病毒抗体检测，确保用血安全，是防止艾滋病经采供血途径传播的关键措施。应尽量避免不必要的输血和注射，使用血浆代用品和自身血液是安全用血的措施之一。必须输血时要使用经过艾滋病病毒抗体检测为阴性的血液和一次性或经过严格消毒的输液器。严格执行各项有关消毒的规章制度，是防止艾滋病经血液传播的重要环节。医务人员和特种行业（酒店、旅馆、澡堂、理发店、美容院、洗脚房等）服务人员所用的刀、针和其他易刺破或擦伤皮肤的器具，必须经过严格消毒。

🔍 小案例

近日，2016 年世界艾滋病日主题宣传活动在北京航空航天大学举行。世界卫生组织结核病／艾滋病防治亲善大使、国家卫生计生委预防艾滋病宣传员彭丽媛，国家卫生计生委副主任王国强、崔丽，教育部副部长杜占元，北京航空航天大学党委书记张军，共青团中央书记处书记尹冬梅，世界卫生组织驻华代表施贺德等出席活动。王国强在致辞中表示，我国艾滋病防治工作取得了显著成效，基本阻断了经输血传播，有效控制了经注射吸毒和母婴传播，病死率明显降低，整体疫情控制在低流行水平。青年学生既是受艾滋病威胁的重点人群，也是预防艾滋病的生力军，希望全社会行动起来，让艾滋病远离大学生、远离青年、远离人类。

在活动现场，主持人康辉、春妮发布了 2016 年世界艾滋病日主题宣传海报，介绍了《我为防艾出份力》主题宣传网络征集活动。北京电视台结合主题宣传活动，现场录制《我是大医生》特别节目。邀请医学专家现场开展了艾滋病防治科普讲座，介绍了艾滋病病毒对身体的危害、传播途径、艾滋病症状、检测方法和治疗手段。活动中，彭丽媛大使和现场的嘉宾、大学生一起举起防艾宣传牌，倡导全社会行动起来，为防艾贡献力量。

艾滋病防治工作有关部门代表，有关国际组织代表，艾滋病防治机构和健康教育机构专家代表，"红丝带健康大使"及相关高校代表500余人参加活动。

请思考

如果在活动现场给你一次发言的机会，你会说些什么？

安全训练

现场安全观察训练

训练步骤

01 选择观察地点　02 确定观察内容　03 现场暗中观察　04 安全防范报告　成绩判定

训练形式

课堂布置，自我选择观察项目，写出安全防范报告，上交作业。

1. 饮食安全防范设计

（1）食品安全观察。选择观测点：校园附近食品销售区，销售的食品是否安全。暗中记录所观察的现象。

分析可能存在的安全隐患，设计出安全防范措施。

（2）观察内容。

观察食品操作过程——分析是否符合国家标准。

观察卫生情况——分析是否存在不卫生问题。

观察食品——分析是否能够保障食用者身体安全。

（3）思考安全防范措施。如手抓食物后，再用手收钱款，钱币所带的细菌多而杂；销售者是否带病工作无法确定；这样的卫生习惯难以保证其食品加工过程的安全性等。

请思考

这些表现会带来哪些污染？如何防范？

2. 校园生活安全观察训练

（1）选择观测点——宿舍区。

（2）观察内容：生活设施是否存在安全隐患、生活习惯是否存在安全隐患、生活环境是否存在易引发安全事故的人为表现。

第六章

消防安全

📖 学习目标

1. 理解校园消防安全重要性。
2. 掌握防火、救火、逃生知识。
3. 牢固树立消防安全意识。
4. 学习掌握消防器材的使用。

🔔 安全警句

1. 有了消防安全不是有了一切，但失去了消防安全可能失去一切。
2. 胆怯难保证安全，慌乱无助于逃生。
3. 隐患险于明火，防范胜于救灾。

第一节　家庭火灾事故

一、家庭火灾事故的发生

随着社会的迅速发展，各类现代化家庭用具源源不断地进入家庭，它们在为人们提供舒适安逸、美观方便的同时，也带来许多引发火灾的因素。家庭火灾一般是由于人们疏忽大意造成的，事发突然，令人猝不及防，但后果非常严重。

二、家庭火灾事故的预防

（1）家庭要备好火灾逃生"四件宝"（图6-1）：家用灭火器、应急逃生绳、简易防烟面具和手电筒。将它们放在随手可取的位置，危急时便能派上用场。

（2）家中无人时，应切断电源，关闭燃气阀门。不要卧床吸烟，乱扔烟头。

（3）千万不要使用汽油、柴油、酒精引火。用火之后一定要完全熄灭，不留下火种。清除的炉灰炉渣不要乱倒，最好有固定地方，刮风天更应注意。

（4）烘烤衣服、被褥等要留心看管，不要烘

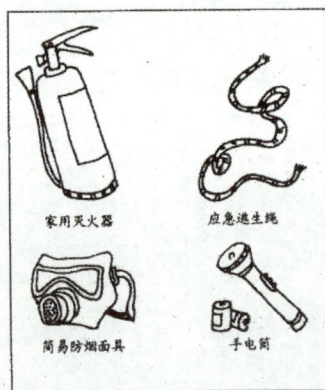

家用灭火器　　应急逃生绳

简易防烟面具　　手电筒

图6-1　火灾逃生四件宝

烤时间过长。

（5）使用液化气、天然气做饭、煮汤、烧水等，一定要有人守在炉旁，防止汤水溢出，浇灭火苗，造成煤气泄漏，引起火灾。用完后切记关闭阀门。液化气罐应直立，不能倒放，更不能用开水泡或火烤。

> **小案例**
>
> 2016 年 11 月 5 日 17 时 34 分，某市消防指挥中心接警，称位于经二纬六路交汇处东山湖小区 25 号楼 3 单元 2 楼发生火灾，中队立即出动 3 车 18 人赶赴现场。到现场了解到是因为户主长时间没有看护微波炉引起火灾，指挥员立即下达出水命令。火灭后，中队查无明火和安全隐患后组织返回。
>
> **请思考**
>
> 从以上案例中，你得到什么启发？

第二节　高楼火灾事故

一、高楼火灾事故的发生

高楼即高层建筑，超过 10 层的住宅建筑和超过 24 米高的其他民用建筑被称为高楼。火灾，是指在时间和空间上失去控制的燃烧所造成的灾害。高楼火灾已经成为威胁城市公众安全和社会发展的主要灾害之一。

高楼火灾具有火势蔓延快、疏散困难和扑救难度大的特点，由于高楼结构复杂、人员密集，一旦失火难以控制和逃离。无数高楼火灾案例表明，现有的高楼火灾救援手段不能适应高楼的建设发展。

二、高楼火灾事故的预防

（1）火场能见度非常低，保持镇静、不盲目行动是安全逃生的重要前提。

（2）因供电系统随时会断电，千万不要乘电梯逃生，如图 6-2 所示。

（3）逃生时不要拥挤，轻易不要跳楼逃生。只有在消防队员准备好救

图 6-2　从安全通道逃生

生气垫或楼层不高的情况下，才能采取此法。

（4）公共通道平时不要堆放杂物，否则既容易引起火灾，也会妨碍火灾时的逃生及救援。

（5）宿舍是学校防火的重点部位，为了杜绝宿舍内火灾事故的发生，要做到：

①不乱拉电源线路，避免电线穿行于可燃物之间引起火灾。

②不乱扔烟头或不要躺在床上吸烟；不要在蚊帐内点蜡烛看书，在宿舍内点蜡烛和蚊香时要有人看护。

③不乱焚烧纸张杂物，更不能往楼下扔燃着的纸张和杂物；不存放易燃易爆物品。

④各种照明加热设备不要靠近枕头、蚊帐、被褥、衣物等易燃物。

⑤不擅自使用高能量电器和大功率电器；使用小型电器应做到人走电断。

🔲 小案例

2013 年 12 月 15 日，位于广州市中心城区起义路上的 25 层高楼发生火灾，明火持续 10 多个小时，过火面积 1.25 万平方米，直接经济损失 4 000 多万元。

调查认定事故发生的直接原因是：首层总电源线短路引燃可燃物所致。因大厦消防设施等整体工程未完工、火灾荷载大等原因，导致火灾蔓延迅速，扑救时间长。间接原因是，大厦消防安全主体责任不落实，存在违法经营行为，大厦日常消防安全管理和监管不到位。

请思考

请你查阅相关资料，分析发生火灾的原因。

第三节　人员密集场所火灾事故

随着社会的发展进步，火灾发生的频率越来越高，而且在我国每年发生的数万起火灾中，人员密集场所火灾占有相当大的比重，群死群伤的火灾事故屡见不鲜，人员密集场所发生火灾以后损失太过惨重，社会影响极坏。

一、人员密集场所火灾事故的发生

酒店、影剧院、商场、体育馆、娱乐厅等人员密集的场所一旦发生火灾，常因人员慌乱、拥挤而阻塞通道，发生互相踩踏的惨剧，或由于逃生方法不当，造成人员伤亡。

二、人员密集场所火灾事故的预防

（1）人员密集场所的安全门或非常出入口都有明显标志，平时应加以留心。

（2）因供电系统随时会断电，千万不要乘电梯逃生。

（3）轻易不要跳楼，除非能确保生命安全，如图 6-3 所示。

（4）下榻宾馆、酒店后，应特别留心服务方提供的火灾逃生通道图，或自行了解安全出口的方位。

（5）逃生时千万不要拥挤，如图 6-4 所示。

（6）要遵守公共场所消防安全制度和有关规定，做到不携带易燃易爆物品去公共场所，如汽油、酒精等。

（7）不携带火柴、打火机等火种进入公共场所；并做到不吸烟或随地丢弃烟头、火种；不使用明火照明。

（8）自觉保护公共场所的消防设施、设备。不随便接触公共场所的电器设备开关；不玩弄电线，以免触电或引起短路。

图 6-3 不要轻易跳楼求生

图 6-4 逃生时不要拥挤

小案例

2014 年 12 月 15 日 0 时 20 分左右，河南长垣县蒲东街道皇冠 KTV 发生火灾，火灾造成 11 人死亡，13 人重伤。经现场勘查，KTV 吧台内一箱空气清新剂受放置在旁边的正在使用的电热器的影响，热胀冷缩，发生爆燃，之后由于工作人员处置不力，造成火势迅速蔓延。

KTV 内 2、3 楼的包间窗户被木头钉死，后门疏散通道被锁闭，导致大火发生时人员无法有效疏散逃生，再加之爆燃发生时，吧台内的服务人员不懂得报警，更不懂得扑救，导致错过了最佳扑救时机。公安机关已将 KTV 法人孔维凯及相关服务人员进行控制，等待他们的必将是法律的严惩。

请思考

从以上案例，你能得到什么启示？

第四节　汽车失火事故

一、汽车失火事故的发生

汽车失火不仅威胁司乘人员的生命安全，毁损车辆，而且还会严重影响交通秩序。公共汽车失火时，司售人员要果断采取自救、防护和逃生措施，保障乘客的生命和财产安全。从目前火灾统计来看，发生火灾比率最多的车型是小型轿车，其次是面包车、吉普车。机动车由于本身构成复杂，附件又多为易燃品，如橡胶轮胎、汽油、座椅织物、各种装饰及随车可燃货物等，一旦起火，燃烧迅速且不易扑救，往往造成严重的经济损失。

二、汽车失火事故的预防

（1）不准携带易燃、易爆等危险品乘坐公共交通工具。
（2）应随车配备灭火器，并学会正确使用。

小案例

2006 年 6 月 25 日 12 时 45 分许，石家庄市某县国道上发生一起汽车火灾。该县消防大队立即出动两辆水罐车，16 名官兵赶赴火场进行扑救。经查，起火汽车为一辆桑塔纳轿车，该车被全部烧毁，无人员伤亡。经对现场进行勘查和询问有关当事人，该车在轧过国道上晾晒的麦秸后起火，火势蔓延迅速，致使整车烧毁。经调查认定此次火灾的起火原因为麦秸被卷进桑塔纳轿车发动机及其他机械设备内，高温引燃麦秸引发火灾。

请思考

如果你在现场，你会做些什么？

第五节　森林、草原火灾事故

一、森林、草原火灾事故的发生

森林火灾，是指失去人为控制，在林地内自由蔓延和扩展，对森林、森林生态系统和人类带来一定危害和损失的林火行为。森林火灾是一种突发性强、破坏性大、处置救助较为困难的自然灾害。森林、草原火灾烧毁森林和草原的动植物资源，破坏生态环境，导致水土流失，经济损失巨大，甚至造成人员伤亡。

二、森林草原火灾事故的预防

（1）发现森林、草原火灾应及时报警，准确报告起火方位、火场面积及燃烧的植被种类。

（2）发现火灾肇事者，应及时向森林、草原公安机关报告，提供相关线索，或者控制、抓获嫌疑人。

（3）不携带火柴、打火机等火种和易燃易爆品进入林区、草原、自然保护区和风景名胜区。

（4）进入林区、草原、自然保护区和风景名胜区等，要做到不吸烟或随地丢弃烟头、火种；不使用明火。

（5）自觉保护林区、草原、自然保护区和风景名胜区的消防设施、设备。不随便接触公共场所的电器设备开关；不玩弄电线，以免触电或引起短路。

（6）进入林区、草原、自然保护区和风景名胜区，要熟悉所处位置基本情况，熟悉消防通道的位置。

（7）注意树林草坪防火。对树林草坪更要注意防火；做到不使用明火，严禁做容易引起火灾的游戏；严禁在树林草坪中吸烟；一旦发现火灾隐患要及时向有关部门报告；秋冬季节及干旱天气尤其要注意防火。

（8）发现自己处在森林、草原火场中，要保持头脑清醒，并迅速向安全地带转移。选择向火已经烧过或杂草稀疏、地势平坦的地段转移；穿越火线时要用衣服蒙头部，快速逆风冲越火线。切忌顺风在火线前方逃跑。

（9）我国每年11月1日至次年5月31日为森林、草原防火期，其中3月15日至4月15日为森林草原防火戒严期。在此期间，不得进入林区吸烟、烧烤、上坟烧纸、点燃篝火、燃放鞭炮等。

小案例

2017年5月17日12时许，内蒙古自治区陈巴尔虎旗那吉林场发生森林草原火灾。经飞机空中观察，火场火线集中在南侧和东北侧，南侧火线长度约10千米，东北侧火线长度约6千米。火场植被为以桦树为主的次生林，地下腐殖层较厚，可燃物载量较多，烟雾较大。火场西北风2~3级。据扑火前线人员介绍，过火区域为次生林及林草接合部，过火面积已超过300公顷。

请思考

请分析5·17呼伦贝尔森林草原火灾的原因有哪些？

安全训练

灭火与逃生现场竞赛演练

训练步骤

| 01 布置竞赛明确意义 | 02 以班级为单位练习，系里选拔参赛队伍 | 03 以校区为竞赛区，组织竞赛性演练 | 04 学校评比嘉奖 | 成绩判定 |

训练形式

课外活动，保卫处指导，系部组织模拟练习，现场演示。

1. 灭火演练

演练的意义在于，可以消除紧张情绪、陌生感——由于学生看到红色灭火器多数会有陌生感，一旦让其使用，立刻有一种紧张念头"我不会啊，我不行啊"。通过班级练习可以消除学生的紧张和陌生感。

感受使用灭火器的方法、手感和心境——理论上认知使用方法，不等于能自如地使用。很多女生可能胆怯、握不住喷管，在危急关头就会四处乱喷。

仿真状态能引发认真学习——课堂安全教育中学生的注意力无法实现全神贯注，甚至一忙就忘。而现场训练，尤其是涉及班级荣誉，参与者会全身心投入，旁观者会注意力集中。

（1）奔赴火场演练。每个班级分成两组，规定30米距离，抱着灭火器快跑，折返回起点后，下一位学生接着快跑，所用时间最短者为胜。

演练的目的：①热身；②奔赴火场的感受；③大学生身体需要锻炼。

（2）消防栓使用演练。模仿消防人员的演练，取出消防水带，预备一个消防栓阀、一把水枪。两人一组，发令声起，一个快速将水带抛向起火方向，拿起水带一头和水枪向前跑，另一个同学快速将水带另一头接到消防栓阀。等前方同学安装好水枪，打开阀门。

以所用时间最快为优。

演练的目的：①掌握消防栓使用方法；②锻炼身体。

（3）灭火器使用演练。在学校操场一角取一个矮一些的铁桶，装进去一些木材，倒上一些柴油，（注意，千万不要倒汽油一类的轻质油品）作为起火点，同学们拿起灭火器飞奔练习，学习如何使用灭火器，如图6-5所示。

操作步骤	一跑	拿起灭火器跑向火源	注意不要慌乱摔倒（摔倒扣分）
	二拔	拔掉保险销	拔保险销同时不要按动开关
	三握	右手握住胶管对准火源	胶管握紧不要乱喷（乱喷扣分）
	四压	左手压下开关	
	五喷	干粉喷向火源	

此演练遵循"安全第一"原则，请学校消防人员现场指导。

演练目的：①参与者掌握灭火器使用技能、现场感受灭火氛围；②观看者感受仿真状态下的操作方法。

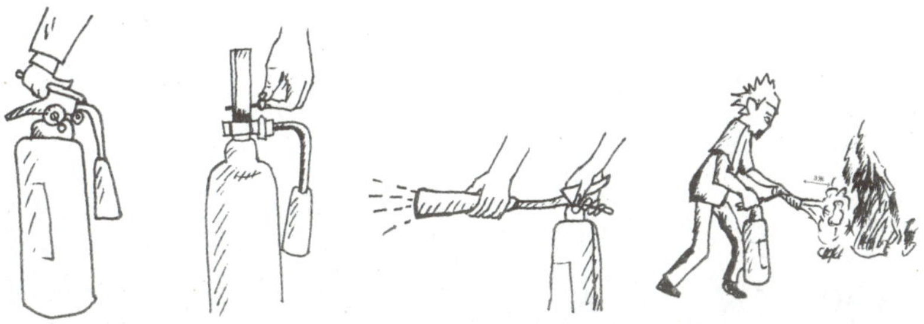

1. 取出灭火器　2. 拔掉保险销　3. 一手握住压把　4. 对准火苗根部喷射
　　　　　　　　　　　　　一手握住喷管　　（人站在上风头）

图6-5　灭火器的使用

2．逃生演练

（1）教室逃生。以班级为单位练习，系部选拔代表队，学校组织竞赛。

模拟火灾、地震等情况下的有序撤离。利用课余时间，选择一个教室坐好，裁判发出指令，全体参加者用最快的时间，有序撤离到楼下，以时间最快，不慌乱为最佳，如图6-6所示。

演练目的：①寻找快速逃生的感受；②锻炼集体主义情感。

图 6-6　逃生演练

（2）高处逃生。选择二层楼高的位置,地上铺好泡沫垫,防止意外受伤。每组五人,依次抓住绳子向楼下溜下，先下者在地下接同学。

演练目的：①参与者掌握高处下滑技能和现场感受；②参观者根据参与者表现,理解高处逃生的注意事项和技巧。

第七章

自然灾害安全

1．了解自然灾害特点、种类、危害。

2．培养避险意识，掌握对自然灾害的避险方法。

3．掌握各种自然灾害的防范方法。

迷人的风光也蕴藏着自然的风险。

第一节　地震

一、地震的发生

地震是由地壳的剧烈运动引起的突然而强烈的震动，是世界上最严重的自然灾害之一。地震最主要的危害是由建筑物倒塌造成的，如图7-1所示。地震灾害造成的伤亡数，占自然灾害死亡人数的一半以上。我国是世界上陆地地震灾害最为严重的国家之一，发生地震的次数约占全球的33%。

图7-1　地震后的废墟

二、地震的预防

（一）注意地震前的预兆

地震虽然来势汹汹，其实在地震前，人的感官能直接觉察到地震异常现象，为人们及时预防提供依据。常见的地震前预兆主要有：

1．地下水异常

地震前地下水包括井水、泉水等常出现发浑、冒泡、翻花、升温、变色、变味、突升、突降、井孔变形，泉源突然枯竭或涌出，如图 7-2 所示。

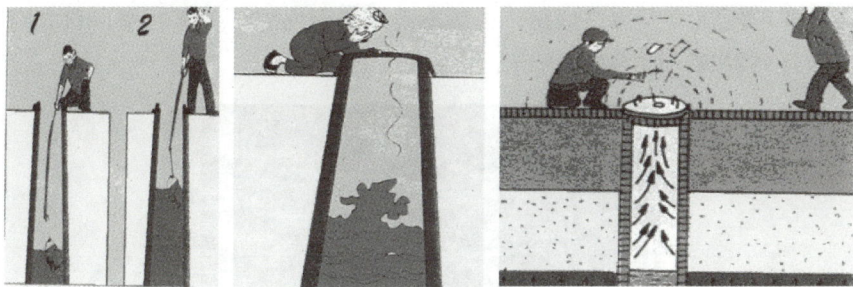

图 7-2 震前地下水异常

2．生物异常

地震前一些动物会出现反常的情形，如图 7-3 所示。有几句顺口溜总结得好：

震前动物有预兆，群测群防很重要。

牛羊骡马不进厩，猪不吃食狗乱咬。

鸭不下水岸上闹，鸡飞上树高声叫。

冰天雪地蛇出洞，大鼠叼着小鼠跑。

兔子竖耳蹦又撞，鱼跃水面惶惶跳。

蜜蜂群迁闹哄哄，鸽子惊飞不回巢。

家家户户都观察，发现异常快报告。

除此之外，有些植物在震前也有异常反应，如不符合季节的发芽、开花、结果或大面积枯萎与异常繁茂等。

| 牛羊骡马乱蹦跳 | 鸭不下水岸上闹 |
| 冰天雪地蛇出洞 | 老鼠搬家往外逃 |

图 7-3 震前动物异常

3．气象异常

主要有震前闷热，人焦灼烦躁，久旱不雨或淫雨绵绵，黄雾四塞，日光晦暗，怪风狂起，六月冰雹等，如图 7-4 所示。

图 7-4　地震云

4．地声异常

当地震发生时，有持续几秒到几分钟的强烈、怪异的声音，如雷鸣、大炮或机器轰鸣、狂风呼啸、大树折断声，好似刮风，但树梢和树叶都不动，如图 7-5 所示。

图 7-5　地声强烈而怪异

5．地光异常

震前几小时到几分钟内出现持续几秒钟的明亮而恐怖、五光十色，呈片状、带状、柱状、球状等的光，亮如白昼，但树无影，如图 7-6 所示。

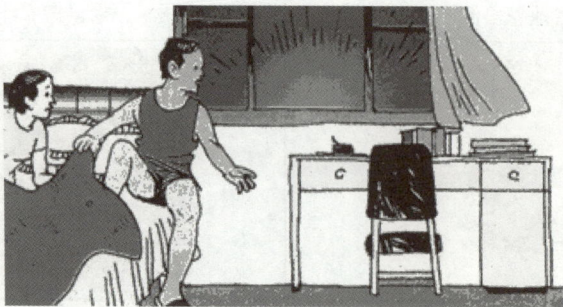

图 7-6　地光明亮而恐怖

6. 地气异常

常在震前几天至几分钟内出现雾气，具有白、黑、黄等多种颜色，有时无色，常伴随怪味，有时伴有声响或带有高温。

7. 地动异常

地震发生之前，有时感到地面也晃动，这种晃动与地震时不同，摆动得十分缓慢，地震仪常记录不到，但很多人可以感觉得到。

8. 电磁异常

最为常见的电磁异常是收音机失灵，在北方地区日光灯在震前自明也较为常见。电磁异常还包括一些电机设备工作不正常，如微波站异常、无线电厂受干扰、电子闹钟失灵等。

（二）做好科学预防

（1）地震多发地区，平时要做好震时应急疏散预案，以防地震时手忙脚乱，耽误时间。

（2）地震多发地区，平时要确定地震时疏散路线和避震地点。

（3）平时要学会掌握基本的医疗救护技能，如人工呼吸、止血、包扎、搬运伤员和护理方法等。

（4）适时进行应急疏散演习，发现问题及时纠正、弥补。同时要正确识别地震谣言。

🔍 小案例

在唐山大地震期间，一所学校曾经出现这样的事件。学校虽然距离震区较远，只有微微震感而已，但是，有的学生家里却震感较大。同学白天收听震区情况互相议论，都有不同的担心和恐惧心理。一个晚上，学生会副主席半夜上厕所回来，正赶上那位家离震区较近的同学说梦话，"地震了"。这个副主席没有做出判断，按照白日里大家说的逃生方法，抱起自己的衣物，一边跑一边喊"地震了"。由于楼板是水泥制的，大家光着脚板拥挤外逃，形成了"嗡嗡"声，睡梦中醒来的学生无不相信是地震发生。宿舍一片混乱，因相互拥挤受伤不少，身体磨着墙壁感觉不到痛，甚至有从二楼跳下的同学。幸好先跑到楼下看到一切平稳的同学，大声喊"没有地震"，才避免了更严重事态的发生，大家才陆续狼狈地回到宿舍。学校值班老师来到现场，询问大家："不是说好有统一信号，一旦地震敲锣吗？怎么这么轻率地就相信地震了呢？"学生回来后对这个喊地震的学生会副主席义愤填膺。学校把他叫过来，严厉地批评："作为一个党员，不仅需要关键时候冷静判断，就是真到了危险时刻，你也不应该第一个跑"。

请思考

临场一片混乱说明了什么问题？

第二节　山体崩塌、滑坡、泥石流

一、山体崩塌、滑坡、泥石流的发生

　　崩塌是指较陡的斜坡上的岩体在重力的作用下突然脱离母体崩落、滚动堆积在坡脚的地质现象；滑坡是指斜坡上的岩体由于某种原因在重力的作用下沿着一定的软弱面或软弱带整体向下滑动的现象；泥石流是山区特有的一种自然现象。它是由于降水而形成的一种带大量泥沙、石块等固体物质的特殊洪流。它们都属于地质灾害，是指由自然因素或人为活动引发的危害人民生命和财产安全的与地质作用有关的灾害。一旦遇上这种灾难，迅速逃生自救是非常重要的。

二、山体崩塌、滑坡、泥石流的预防

　　（1）注意观察滑坡、泥石流前出现的一些预兆，及时采取应对措施，避免人员与财产损失。

　　①滑坡前的预兆主要有：断流泉水复活，或泉水井水忽然干涸；滑坡体后缘的裂缝扩张，有冷气或热气冒出；有岩石开裂或被挤压的声音；动物惊恐异常，植物变形。

　　②发生泥石流前常出现：河流突然断流或水势突然加大，并夹杂着较多杂草、树枝；深谷或沟内传来类似火车轰鸣或闷雷般的声音；沟谷深处忽然变得昏暗，并伴随有轻微的震动感，如图 7-7 所示。

图 7-7　泥石流

　　（2）危险地区进入雨季后，如果降雨持续时间愈长，降雨量愈大，滑坡、泥石流灾害愈普遍、愈严重，因此，当接到滑坡或泥石流警报或连续长期降雨后，应迅速迁出危险区。

　　（3）滑坡多为突然发生，且多发生在夜间。当一危险地区出现暴雨时，滑坡又往往和泥石流同时发生，因此，一旦发现有滑坡征兆或接到预警通知，一定要及时撤离危险处。

（4）滑坡的易发和多发地区有江、河、湖（水库）沟的岸坡地带，地形高差大的峡谷地区，山区铁路、公路、工程建筑物的边坡、暴雨多发区及异常的强降雨区等。在这些地方生活或活动一定要注意雨季滑坡的危险。

（5）在沟谷遭遇暴雨、大雨，要迅速转移到安全的高地，不要在谷地或陡峭的山坡下避雨。

小案例

2012 年阿坝州黑水县双溜索乡突发泥石流灾害，泥石流冲击黑水河主河道，堵塞河道形成了壅塞体，对黑水河下游沿岸多个乡镇、茂县和汶川都一度造成巨大威胁。黑水双溜索乡两个村近 300 名村民在 7 千米长的泥石流路段，搜寻着这次被泥石流冲走的唯一失踪者，村里第一个大学生——21 岁的何满初。7 月 4 日，她刚刚从四川师范大学领到本科毕业证，成为村里第一名大学生。

请思考

如果你是当时遇险的何满初，你会怎样自救？

第三节　洪涝灾害

一、洪涝灾害的发生

洪涝灾害包括洪水灾害和雨涝灾害两类。其中，由于强降雨、冰雪融化、冰凌、堤坝溃决、风暴潮等原因引起江河湖泊及沿海水量增加、水位上涨而泛滥及山洪暴发所造成的灾害称为洪水灾害；因大雨、暴雨或长期降雨量过于集中而产生大量的积水和径流，排水不及时，致使土地、房屋等渍水、受淹而造成的灾害称为雨涝灾害。由于洪水灾害和雨涝灾害往往同时或连续发生在同一地区，有时难以准确界定，往往统称为洪涝灾害，如图 7-8 所示。

洪灾是对人类影响最大的灾害。我国长江流域连年洪灾给中下游地区带来极大的损失，严重损害了社会经济的发展。

图 7-8　洪涝灾害

二、洪涝灾害的预防

（1）社会要大力预防洪涝灾害。加强堤防建设、河道整治及水库工程建设，是避免洪涝灾害的直接措施。长期持久地推行水土保持，从根本上减少发生洪涝的机会。切实做好洪水、天气的科学预报与滞洪区的合理规划，减轻洪涝灾害的损失。建立防汛抢险的应急体系，是减轻灾害损失的最后措施。

（2）学校要大力预防洪涝灾害。学校平时可通过广播、班会、专题讲座等形式，加强防洪安全教育，提高学生安全防洪意识和能力。学校要建立防洪抢险指挥组织，做好防洪期间的值班工作，及时发布有关消息和警报。雨季来临前，学校要组织人员对防洪设施进行全面检查。

（3）青年学生要增强防洪意识和能力。易受洪水淹没的地区，当有连续暴雨或大暴雨时，应注意收听当地气象台的洪水警报，注意水位变化，选择最佳路线和目的地撤离。

①接到洪水预报时，应备足食品、衣物、饮用水、生活日用品和必要的医疗用品，妥善安置家庭贵重物品，也可将不便携带的贵重物品作防水捆扎后埋入地下或放到高处，票款、首饰等小件贵重物品可缝在衣服内随身携带。

②收集木盆、木材、大件泡沫塑料等适合漂浮的材料，加工成救生装置以备急需。

③保存好尚能使用的通信设备。收集手电、口哨、镜子、打火机、色彩艳丽的衣服等可作信号之用的物品，做好被救援的准备。

（4）洪水即将来临时，有序地将人员和财产向高处转移。原地避水的，可将家中物品放在楼上，或将其置于高处（柜顶、桌上等），并应在楼上贮备一些食物及必要的生活用品，如饮水、保暖衣物和烧火用具等。室内进水前，要及时拉断电源，以防引起触电事故。

（5）在室外，则要避开大树、电杆、变电器等比较容易引雷的地方，保持比较低的姿势，并不要手持带有尖端金属的物品。洪水猛涨时，可先躲到屋顶、大树或附近小山丘上暂避，并用绳子或被单等物将身体与烟囱、树木等固定物相连，以免被洪水卷走。

（6）当洪水到来时，要听从学校或当地政府的组织与安排，进行必要的防洪准备，及时撤退到相对安全的地方。

（7）发生险情要及时报告，在统一组织下抢险救灾，如图7-9所示。女学生一般以避灾为主，不宜参加抢险活动。

（8）被洪水围困时，尽可能收集一切可以用来发出求救信号的物品，如手电筒、哨子、旗帜、鲜艳的衣物等，及时发出求救信号。

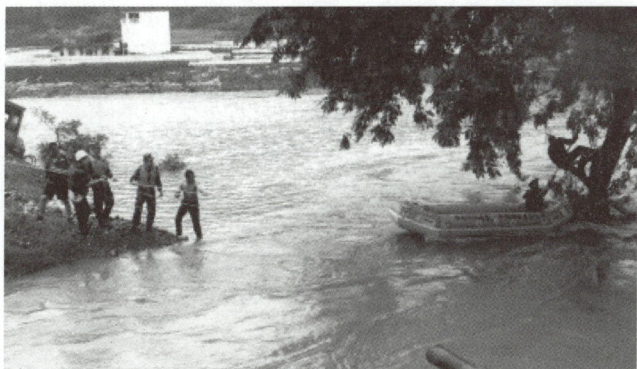

图 7-9　抢险救灾

（9）在洪水汹涌时，切不可下水，这时除水流中的旋涡、暗流等对人会造成伤害外，上游中下来的水中漂浮物也有可能将人撞昏，导致溺水身亡。

（10）被洪水卷走时，如有可能应抓住木板、树干等漂浮物，尽量不让身体下沉，等待救援。

（11）汛期尽量不要到容易发生山洪的景区旅游。在山区旅游中，一旦遭遇暴雨，应向山脊方向避洪，不要在危岩和不稳定的巨石下避洪，千万不可在山谷中逗留（经常是人们的旅游路线）。

（12）洪水时，要注意保护水源地（水井等），饮水要用漂白粉消毒（有条件的地方可用瓶装水或净水器过滤），并一定要烧开饮用。

（13）洪涝期间，应注意不吃变质及受到污染的食品，严防食物中毒及肠道传染病的流行。

（14）掌握抢救溺水者的知识。抢救时，首先要把溺水者救上船或陆地，迅速排出呛入体内的水，清除口、鼻腔内的淤泥及假牙等异物，保持呼吸道畅通，必要时行心肺复苏术：按压胸部（略偏左）心区，同时口对口地做人工呼吸。有条件的应尽快送医院抢救。

（15）洪水水位未完全退却之前，不要到易被淹没的地带活动，也不要到淹没地带围观。警惕和防止毒蛇、毒虫咬伤及倒塌电杆电线的电击。

🔍 小案例

2012 年 7 月 21 日是星期六，北京没有上下班的早晚高峰，六次暴风雨的报警并没有唤醒人们的防灾意识，于是，暴雨之中，北京的大型球赛、演唱会没有停，依旧有人开车或赴约或玩乐，不把预警信息当回事。看到积水已齐腰深的道路上，仍每 5 分钟就有车主忍不住驾车涉水而行，其中一位是杂志社的社长。晚上 7 点左右，因为临时有事回单位路过广渠门下，路面严重积水，汽车熄火和其他车辆一起困在水中。由于桥下地势低洼，积水迅速上涨到 3 米多。他的车被淹没了，车门打不开，危急之下头被撞破也自救不成，报警电话无法接通，无奈之下，于晚上七点半左右，打电话给妻子，让妻子帮助报警，到晚上十点，救援人员把车拉出来，而他经抢救无效死亡。

请思考

从上述案例你得到什么启示？

第四节　雷电大风

一、雷电大风灾害的发生

雷电是发生在大气层中的一种声、光、电的气象现象，主要产生在雷雨云内部及雷雨云之间，或雷雨云与大地之间的放电现象，如图 7-10 所示。它是 10 种最严重的自然灾害之一，全球每年因雷击造成伤亡超过 1 万人，雷电所导致的火灾、爆炸等时有发生，严重威胁到人们的生命和财产损失。

图 7-10　雷电

风力达到足以危害人们的生产活动、经济建设和日常生活的风，称为大风，如图 7-11 所示。气象上称 6 级（12 米／秒）或以上的风为大风。危害性大风主要指台风、寒潮大风、雷暴大风、龙卷风。在我国河南省，主要是雷暴大风和龙卷风。

图 7-11　大风

二、雷电大风灾害的预防

（一）室内防范措施

遭遇雷电天气和雷暴大风时，如果在室内，要做好以下防范措施。

（1）应关闭电视机、电脑，更不能使用电视机的室外天线。

（2）雷电时，不要开窗户，不要把头或手伸出户外，更不要用手触摸靠近窗户的金属物，以防受到雷击。

（3）雷电交加时，勿打手机或有线电话。

（二）户外防范措施

外出时遇到雷电天气和雷暴大风，要做好以下防范措施。

（1）在野外遇到雷雨时，不可躲在大树下避雨；切勿站立于山顶、楼顶上。

（2）在旷野中遇到雷雨时，人应双脚并拢，并尽可能下蹲，但不准躺在地上。不要几个人拥挤成堆，人与人之间要分开一定距离。

（3）雷雨天气时，在旷野中不可高举雨伞、铁锹、钓竿、球竿等物体；应远离高塔、广告牌、桅杆等孤立的物体；不宜使用手机等通信电器，应关闭电源。

（4）雷雨天气时，不宜游泳或从事其他水上运动；在户外活动的人应尽快回屋。

（5）在雷雨天气时，不宜开摩托车、骑自行车。

（三）大风防范措施

要随时了解 24 小时至 36 小时内当地的天气预报，并做好以下防范措施。

（1）若发出大风警报，可准备好蜡烛、火柴和手电筒、干净的水和食物、防水胶布和塑料布备用。

（2）飓风经过的地区，应把整个建筑物的窗户钉住或者完全堵住。向风一面的窗户可用木板加以保护。同时加固门窗、围挡等易被风吹动的搭建物。

（3）把贵重物品和容易被风吹走的花盆、晒衣竹竿、衣物等物品搬进安全的地方，固定可能被风刮走或刮坏的不能搬进屋内的较大物件。

（4）狂风大作时常常伴有雷电交加，此时应尽量拔下电器插头。另外，电视天线引入线最好也要从电视机背后拔下。

🔍 小案例

2013年8月10日凌晨2:00，今年第11号热带风暴"尤特"在菲律宾以东洋面生成；上午11:00，加强为强热带风暴；14:00，加强为台风。11日上午11:00，加强为强台风；下午5:00，加强为超强台风。12日凌晨3:00，在菲律宾吕宋岛东部沿海地区登陆；5:00，减弱为强台风；上午10:00，减弱为台风；11:30，进入南海东部海面。13日上午8:00，再度加强为强台风。14日下午3:50，在阳江市阳西县溪头镇沿海地区登录，登陆时中心附近最大风力14级。"尤特"登陆后继续向偏西北方向移动，15日凌晨3:30，从茂名信宜市移入广西壮族自治区，减弱为热带风暴；下午2:00，在广西壮族自治区梧州市苍梧县境内减弱为热带低压。

"尤特"是2008年以来正面登陆我省的最强台风，具有"发展快，强度强""降水持续时间长，江河水位暴涨""雨量大，危害严重"等特点。"尤特"最大阵风17级，7级大风范围半径达320千米，10级大风范围半径达130千米；8月12日夜间至14日白天，南海海域自东到西出现狂浪到狂涛区，全省沿海和外海海况极其恶劣，粤西海域录得10.8米的最大波高。全省出现历史罕见的持续性大暴雨到特大暴雨降水过程，平均降雨量达250毫米，约90%的乡镇出现暴雨。其中，惠州市惠东县高潭镇站24小时最大降雨量为923.4毫米，达到千年一遇。持续高强度的暴雨导致北江发生流域性洪水，多条江河出现超警洪水，部分中小河流出现超100年一遇或超历史实测记录的特大洪水。北江干流飞来峡水利枢纽最大入库流量超20年一遇；西枝江白盆珠水库最大入库流量达到500年一遇；绥江、连江洪水均超100年一遇；袂花江、鉴江、螺河超20年一遇；梅江、西枝江出现超历史实测量高洪水位，练江发生接近历史实测量大洪水。受强台风"尤特"及强烈南海西南季风影响，14日~19日，我省出现了历史上罕见的"时间长、雨量大、范围广"的强降水过程，部分县（市、区）日降雨量超历史纪录，局部出现了超千年一遇的降水过程，遭遇1951年以来范围最广的特大暴雨洪涝灾害，全省共有19个地级以上市、91个县（市、区）932个乡镇共计893.91万人受灾，因灾死亡48人（强台风"尤特"造成5人死亡，强烈南海西南季风造成43人死亡），失踪8人，农作物受灾面积427.84千公顷，倒塌房屋3.3万间，水利基础设施、通信设施、线路、电力设备设施受损严重，全省中断交通777处、421条，桥梁损毁119座，多条航道及航道设施严重受损，直接经济损失162.75亿元。

请思考

如果遇到台风，你会怎样自救？

第五节 冰雪灾害

一、冰雪灾害的发生

冰雪灾害是由冰川引起的灾害和积雪、降雪引起的雪灾两部分组成。冰雪灾害对工程设施、交通运输和人民生命财产造成直接破坏，是比较严重的自然灾害。冰雪灾害多发生在山区，一般对人身和工农业生产的直接影响不大。其最大危害是对公路交通运输造成影响，由此造成一系列的间接损失。

冰雪天气包括大幅度降温、暴风雪、寒流等低温冰雪天气，如图 7-12 所示，主要危害是封锁道路、积雪覆盖草场、冻伤冻死人畜、摧毁水电暖气设施等，给人们的生活造成极大的威胁。

图 7-12　冰雪天气

二、冰雪灾害的预防

（1）随时收听天气预报，提前做好准备工作。储备足够的食品、饮用水、燃料和打火机及手电、蜡烛等，以防冰雪破坏供电、供水、煤气管道。

（2）防寒不好的房屋应及时加固门窗避寒。

（3）得知冰雪天气警报后，心血管和肺部疾病患者应做好防寒保暖准备，不要出门，并通过电话与外界保持经常联系。

（4）冰雪天气最好不要骑车，以防滑倒跌伤，如图 7-13 所示。

图 7-13　冰雪天慎骑车

2008 年春，一场突如其来、持续猛烈的冰雪灾害，席卷我国南方多个省（区），严重影响了部分地区的交通运输、能源供应、电力传输、通信联络、农业生产和人民生活。尽管相关部门立即启动应急机制，迅速展开应急救援行动，冰雪灾害仍然造成 129 人死亡、4 人失踪、166 万人被紧急转移、1.78 亿亩农作物受灾、48.5 万间房屋倒塌，直接经济损失达 1 516.5 亿元。

请思考

如果你被困冰雪，应该怎样自救呢？

第六节　高温中暑

一、高温中暑的发生

高温中暑是在气温高、湿度大的环境中，从事重体力劳动，发生体温调节障碍，水、电解质平衡失调，以心血管和中枢神经系统功能紊乱为主要表现的一种症候群。

当日最高气温达到 35℃以上，就是高温天气，如图 7-14 所示。高温天气会给人体健康、交通、用水、用电等方面带来严重影响。

图 7-14　高温天气

二、高温中暑的应急与预防

（1）高温时间外出时，应备好太阳镜、遮阳帽、清凉饮料等防暑用品。长时间外出还要准备好清凉油、人丹等防暑药物，如图 7-15 所示。

（2）乘车长途旅行时要适当站起来活动。改善臀部、背部的透气性，不要长时间靠、坐睡觉，否则局部汗液排泄不畅，被汗液长时间浸渍，易生痱子。

图 7-15　防暑降温

（3）晒伤皮肤出现肿胀、疼痛时，可用冷水毛巾敷在患处，直到痛感消失。出现水泡，不要挑破，应请医生处理。

（4）衣衫被汗液浸湿后要及时更换。皮肤上的汗液要及时擦干，还应注意皮肤清洁，勤用温水洗脸洗澡。

（5）出汗后，应用温水冲洗，洗净擦干后，在局部易出痱子的地方适当扑些痱子粉，以保持皮肤干燥。

（6）一旦发现有人中暑，应尽快将其移到阴凉通风处，衣服用冷水浸湿，裹住身体，并保持潮湿。或者不停地给其扇风散热并用冷毛巾擦拭患者身体，直到体温下降到38℃以下。用冷水毛巾敷于头部，让其喝冷盐开水，在太阳穴涂清凉油。

（7）如果中暑者意识还比较清醒，应让其身体保持坐姿休息，头与肩部给予支撑。如果中暑者已失去意识，应让其平躺。给患者及时补充水分，通常服用口服补液盐就足够了，并且越凉越好。多次少量地喝，不要大口喝，以免导致呕吐，如果病情严重，需送往医院救治。

（8）对于重症中暑者，应先进行物理降温，如在额头上、两腋下和腹股沟等处放置冰袋，以防止脑水肿，同时用冷水、冰水或者75%酒精（白酒亦可）擦拭全身。如果病情严重应及时送往就近医院。

（9）注意收听高温预报，饮食宜清淡；多喝凉开水、冷盐水、白菊花水、绿豆汤等防暑饮品。

（10）室内要注意保持早晚通风，早晚可在室内适当洒水降温。如在户外工作，可早出晚归，中午多休息。

（11）准备一些常用的防暑降温药品，如清凉油、人丹等。

（12）夏季炎热，衣着要宽大舒适，以通风透气性好、吸湿性强的棉织物为宜。外出时的衣服尽量选用棉、麻、丝类的织物，少穿化纤品类服装。

（13）合理安排作息时间。最佳就寝时间是22时左右，最佳起床时间是6时左右。睡眠时注意不要躺在空调的出风口和电风扇下，以免患上空调病和热伤风。空调温度应控制在与室外温差5℃~10℃，室内外温差太大，反而容易中暑、感冒。

（14）白天尽量减少户外活动时间，中午12时至下午2时最好不要外出。

🔍 小案例

入伏后，高温天不断，容易诱发各种疾病。报道称，23日早6时，泰山大街银座奥特莱斯门外，一名老年男子突然晕倒。过路市民发现后拨打了120急救电话。但是当医生赶到时，男子已经没了生命体征。据医生检查，死亡原因可能是心脏问题。

同样的悲剧发生在24日中午，一名中年男子中午吃饭时突然不省人事，被家人送往医院后，医生发现男子出现大面积心梗，最终抢救无效死亡。

请思考

如在校学生遇高温天气，应该怎样防暑降温？

安全训练

汶川大地震学校成功避难案例分析

训练步骤

01 提出问题做出布置 ▸ **02** 个人通过案例和提出的问题做出分析 ▸ **03** 完成分析报告 ▸ **04** 优秀分析评选 ▸ **成绩判定**

1. 地震案例带来的警示

训练形式：课堂布置，课后自我分析，统一交分析报告，以系为单位评选优秀报告。

案例："5·12"大地震，很多地方都成为废墟，而在四川安县桑枣中学，地震波一到，老师一喊趴在桌下，学生立刻做出相应的动作。老师在第一时间把教室前后门打开，避免了房门变形。地震波一过，学生们立刻冲出教室，老师指挥2 200多名学生，只用1分36秒就冲到操场并以班级为单位组织站好。

是学校所在地地震较轻吗？

当时的情景是，学校外的房子百分之百倒塌受损。

是学校的房子坚固吗？

学校内的教学楼"非塌即危"。有一座楼曾经是没人敢签收的危楼，地震时坐着700多师生。

是全校师生天生会避险吗？

当然不是。

学校的那座"危楼"每年会反复加固；而校长也在每学期组织一次地震演习，雷打不动，这曾经引起老师、家长的疑问，觉得"多此一举"。学生们也把演习当作玩笑的举动，但事实却深深地给我们上了一课。

※ 问题：根据这所学校神奇的结果，"无人受伤、不到两分钟在操场站好"，围绕自然灾害的不可抗拒性因素，分析人的主观能动性对自然灾害的应对作用。

2．自然灾害发生时的防范措施

措施1：制订预案，常备不懈。

国家及各级单位都应该制订应急预案，你认为对各种自然灾害应该有哪些防范措施？

措施2：以人为本，避灾减灾。

以人为本主要体现在哪些方面？（结合不同的自然灾害）

措施3：防灾意识，全民普及。

我们大学生应该具备哪些防灾意识？

措施4：人工影响，力助减灾。

自然灾害具有不可抗拒性，怎样才能实现减灾？

措施5：风险评估，未雨绸缪。

根据国家的减灾战略，分析各种自然灾害的特性，以及如何能实现未雨绸缪？

第八章

保护身心安全

学习目标

1. 了解身心安全范畴，培养防范意识。
2. 完成对身心安全的分析，克服麻痹心理，提高防范意识。
3. 掌握应对性侵害、抵制"黄赌毒"的方法。
4. 掌握心理问题救护方法。
5. 掌握情绪化行为控制方法。

安全警句

1. 防性侵伤害，保快乐人生。
2. 涉黄易沉沦，堕落毁终身。
3. 赢得一时刺激，输掉整个人生。
4. 珍爱生命，远离毒品。

第一节　防止性侵害

一、性侵害的发生

性侵害是指加害者以威胁、权力、暴力、金钱或甜言蜜语，引诱胁迫他人与其发生性关系，并在性方面造成对受害人的伤害的行为。性侵害主要是指在性方面造成的对受害人的伤害。性骚扰和性侵害是危害青年学生身心健康的主要问题之一。由于两性的社会地位和角色不同，相对而言，性骚扰和性侵害的对象常以女性为多。

二、性侵害的预防

（一）遇到性侵犯时

当遇到性侵犯时，青年学生不要惊慌失措，要冷静应对。

1. 不怀好意的人挑逗

遇到不怀好意的人挑逗，要及时斥责，表现出自己应有的自信与刚强；如果碰上坏人，首先要高声呼救，假使四周无人，切莫慌张，要保持冷静，利用随身携带的物品，或就地取材进行自卫反抗，还可采取周旋、拖延时间的办法等待救援，如图 8-1 所示。

2．当遇到异性纠缠时

第一，态度明朗，应该明确拒绝；第二，遵守恋爱道德，讲究文明礼貌；第三，要正常相处，但要节制往来；第四，遇到困难，要依靠组织。发现对方可能采取报复行为，要及时向老师和领导汇报，依靠组织妥善处理，防止发生意外事件。

图 8-1　遇到坏人要自救

3．学习防身术避免性侵害

女同学面对性侵犯，如果动手反抗往往根本不是对手，这也是女人更多遭遇性侵犯的原因，有人总认为女人好欺负，她们会可以忍气吞声，不敢声张。其实女性可以学习一些简单的防身术。

（1）当男人从背后骚扰你时，抓住他的小拇指，向外掰；同时用鞋跟用力踩他的脚掌，用弯曲的胳膊肘顶他的腹部，然后再大声呼喊，在别人的帮助下报警；快速转身，用弯曲的膝盖顶他的下身。

（2）当男人从正面骚扰你时，抓住他的双肩，用弯曲的膝盖顶他的下身；或者用分开的食指和中指叉刺他双眼。但要切记，所有的动作都要快，在几秒钟之内完成。

4．采取无过当防卫

当面对性侵犯时，如果我们有能力进行防卫，可以不考虑防卫的后果，即可以采取无过当防卫行为。可用手戳其眼睛，或用水果刀、小剪刀刺其手脚，或用鞋后跟用力踩其脚背等。若被坏人推倒在床上，则要用被子迅速罩住坏人的头脸，将其推倒后，迅速逃跑。可假装顺从，让坏人自己先脱衣服，趁其不备，迅速一头将其撞倒，或用拳头及其他物品击打他的腹部，也可用鞋尖猛踢其头部或阴部，然后逃跑，如图 8-2 所示。

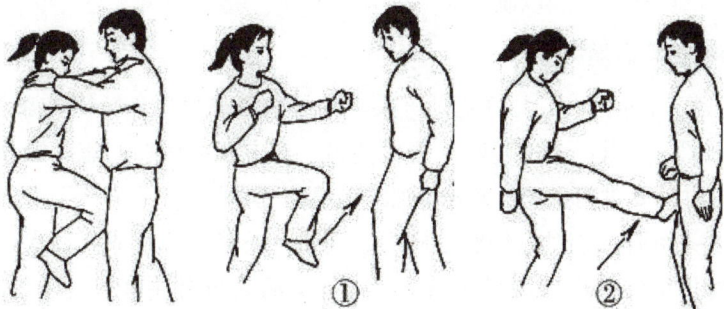

图 8-2　正当防卫术

5．宁为瓦全，不为玉碎

在生命和贞操之间，在生命和尊严方面，在生命和崇高之间，到底哪个更重要？在生命受到威胁时，除了无视生命的反抗之外，难道我们找不到更好的选择？在观念飞速发展的今天，生命是高于一切的原则。因为生命只给予我们一次，我们没有资格无视自己的生命。面对强奸，一个少女奋力反抗是必要的。但是，在无力改变现实或反抗意味着生命危险的情况下，生命要比贞操更重要。

6．及时报警、求医

面对性侵犯类危机事件，要克服忍辱负重的心态，积极寻求公安机关的法律援助，协助警方在现场提取新鲜证物，力争早日破案，使犯罪人受到法律应有的惩罚。要注意到性侵犯类事件的特殊性，应到医院及时就诊，在医生的帮助下采取措施，避免不良后果的发生。

7．保留物证

性侵犯类危机事件具有特殊性，因此在物证保全方面也有着一些特殊性。例如有些受害人在遭受性侵犯行为后，会觉得自己的身体很脏，多次清洗自己的性器官。身体虽然洗干净了，不幸的是，我们把追究性侵犯行为人罪责的有力物证也给洗掉了，同时受害人内心的屈辱却永远也无法洗刷。因此正确的做法是保留相关的证据，寻求相关专业部门援助，在保留物证的前提下再寻求清洁救治。

（二）积极防范以避免发生性骚扰性侵害

1．筑起思想防线，提高识别能力

女学生应当消除贪图小便宜的心理，对一般异性的馈赠和邀请应婉言拒绝，以免因小失大。谨慎待人处事，对于不相识的异性，不要随便说出自己的真实情况，对那些特别热情的异性，不管是否相识都要倍加注意。一旦发现某异性对自己不怀好意，甚至动手动脚或有越轨行为，一定要严厉拒绝、大胆反抗，并及时向学校有关领导和保卫部门报告，以便及时加以制止。

2．行为端正，态度明朗

如果自己行为端正，坏人便无机可乘。如果自己态度明朗，对方就会打消念头、不再有任何企图。若自己态度暧昧、模棱两可，对方就会增加幻想、继续纠缠。在拒绝对方的要求时，要讲明道理、耐心说服，一般不宜嘲笑挖苦。

中止恋爱关系后，若对方仍然是同学、同事，不能结怨或成为仇人，在节制不必要往来的同时仍可保持正常往来关系。参加社交活动与男性单独交往时，要理智地、有节制地把握好自己，尤其应注意不能过量饮酒。

3．学会用法律保护自己

对于那些失去理智、纠缠不清的无赖或违法犯罪分子，女学生千万不要惧怕他们的要挟和讹诈，也不要怕他们打击报复，要大胆揭发其阴谋或罪行，及时向领导和老师报告，学会依靠组织和运用法律武器保护自己。千万注意不能"私了"，"私了"的结果常会使犯罪分子得寸进尺、没完没了。

4. 学点防身术，提高自我防范的有效性

一般女性的体力均弱于男性，防身时要把握时机、出奇制胜，狠准快地击打其要害部位，即使不能制服对方，也可制造逃离险境的机会。人的身体各部位都可用来进行自卫反击，头的前部和后部可用来顶撞，拳头、手指可进行攻击，肘朝背后猛击是最强有力的反抗，用膝盖对脸和腹股沟猛击相当有效果，用脚前掌飞快踢对方胫骨、膝盖和阴部非常有效……同时，要注意设法在案犯身上留下印记或痕迹，以备追查、辨认案犯时做证据。

> **小案例**
>
> 2013 年 10 月 8 日晚，在安徽蒙城县城一高中女生，遇见一位经朋友介绍见过面的男子，主动向她搭讪，自己觉得也有心事向别人说说。于是，她被犯罪分子带到郊外偏僻处进行奸污。事后，犯罪分子两次将女生投入深井中，幸运的是，女孩最终自救逃生。
>
> **请思考**
>
> 为避免上述案例中的事件重演，应该注意哪些方面？

第二节 抵制"黄赌毒"

一、"黄赌毒"侵害的发生

"黄赌毒"，指卖淫嫖娼，贩卖或者传播黄色信息、赌博、买卖或吸食毒品的违法犯罪现象。在中国，"黄赌毒"是法律严令禁止的活动，是政府主要打击的对象。"黄赌毒"的刑罚从拘留至死刑不等。

"黄赌毒"等社会丑恶现象又沉渣泛起，校园这块净土也受到污染，少数涉世未深的青少年在这股"毒雾"的熏染下迷失了方向。青少年一旦和"黄赌毒"沾上边，轻则违反校纪校规，重则触犯法律，对自己、他人、家庭和社会都将造成严重的危害，如图 8-3 所示。

图 8-3 "黄赌毒"害人害己

二、"黄赌毒"侵害的预防

针对现在学生法制意识不强这一情况,应注重加强对学生的"黄赌毒"的预防教育,认真开展学生的"黄赌毒"预防教育工作。

(一)加强教育

以课堂教学为主渠道,切实加强对学生"黄赌毒"的预防教育。

为充分发挥课堂教学主渠道作用,让"黄赌毒"预防教育进课堂、进头脑,学校要做到"两落实",即落实课时、落实教师。

(1)根据不同年级不同学生的生理、心理特点及认识水平,将"黄赌毒"预防教育内容分解到各年级、各学期,做到年年有主题,月月有目标,实现教育内容的串行化。

(2)针对学生的学习和生活实际,选择典型案例或事例,激发学生主动参与,让学生用身边的事例学法、说法,充分调动学生的学习积极性,使学生想学、爱学。

(3)在教学中讲述一些做人处事的道理,教会学生如何保护自身合法权益,避免跌入"黄赌毒"的陷阱之中。

(二)拓宽教育渠道

以"黄赌毒"预防教育为主线建立社会育人网络,拓宽教育渠道。

(1)在学校内部,要建立教育管理网络,形成教育四条线,即德育工作线、少先队工作线、教学管理线、后勤服务线,实行全体参与,全员育人。

(2)学校、社会、家庭紧密配合,建立起全方位的社会育人网络,从不同侧面、不同角度,对学生进行全方位"黄赌毒"预防教育渗透,形成强大的正向合力。

(3)加强阵地建设,不断优化校园育人环境。学校要建立德育室,法制教育室,法制教育长廊,法制教育宣传栏、宣传橱窗、展室、板报等,充分利用广播、录像、图片等,进行法制宣传,使法制教育工作有声有色,形象感人,学生置身校园,时时处处都能受到潜移默化的影响。

（4）把"黄赌毒"预防教育纳入素质教育之中，与德育工作相结合，与社会实践活动相结合，组织开展系列活动。

（5）培养学生自我保护和自我约束能力。主动配合有关部门加强校园及周边环境治安综合治理，积极开展警校共建，建立健全校内外共同关心青少年学生健康成长的良好运行机制，把"黄赌毒"预防教育与公民道德教育、日常行为规范教育结合起来，培养现代文明学生。

小案例

2016 年 12 月 16 日，河南一名在校女同学，在图书馆内卖毒品被当场抓住。身上搜出 70 克海洛因，在其租住处，搜出了 3 000 多克毒品。事情起因是她因为爱慕虚荣，接触到一位吸毒贩毒者，享受到其所给予的"恩惠"。她逐渐发现对方吸毒却不能一刀两断，自己也从一个大学生变成毒贩。同学想不到她会贩毒，她本人自以为是一念之差，担心被开除，殊不知贩卖毒品超过 50 克就可以判死刑了。

请思考

如果你是这位女同学的同学，你会告诉她毒品都有哪些危害性？

第三节　心理问题救治

一、心理问题的产生

心理学家将心理问题划分不同等级，有不良状态、心理障碍、心理疾病等。大学生心理状态很大比例处于不良状态，即心理"亚健康"状态。青少年心理的问题主要表现为以下几方面。

（一）自卑

自卑是自我评价偏低的消极心理倾向，在行为上属于一种性格上的缺陷，总会暴露出如害羞、不安、内疚、忧郁、失望等自怨自艾、悲观失望的情绪体验，如图 8-4 所示。

例如家庭贫困的学生会因为自己与别

图 8-4　自卑心理

人之间的经济差距，形成心理落差，想不出摆脱贫穷的方法，容易陷入抑郁、忧虑等心理之中。不善言谈的学生因为自己难以进入快乐圈而陷入苦恼，认为自己无法改变，因此更加孤独，也会演变成自卑。大学生一旦有较强的自卑心理，就会失去学习和生活的乐趣与动力，久而久之，就会处于心理疾病边缘。

（二）自负和自恋

自负心理与自恋心理类似，都是对自我认知偏激、自我中心强烈、优越感极强、藐视和不主动同他人交往的心理现象。在行为上有一种自我陶醉倾向，不能正确认知自我。

自负带有无知的特征，主要表现在无自知之明。自负和自恋的情绪一旦形成习惯，更会与社会现实发生激烈的"心理碰撞"。

（三）情感受挫

青少年过早进入"恋爱"，由于对爱或被爱缺乏正确的理解，使一些学生因为胆怯、腼腆，往往饱受单恋、暗恋之苦，但又难以自我调适，轻者陷入情感的旋涡难以自拔，重者则会导致精神失常、自杀等严重后果。

（四）抑郁

抑郁的解释是压抑烦闷、忧愤郁闷。抑郁表现在行为上称为抑郁症，抑郁症是一种常见的心境障碍，有三大主要症状，即情绪低落、思维迟缓和运动抑制。由于情绪低落而悲观厌世，严重时很容易产生自杀念头，如图 8-5 所示。据统计，社会自杀人群中可能有一半以上是抑郁症患者，而青少年学生中抑郁症病者更不在少数。

图 8-5　抑郁易导致自杀行为

（五）焦虑

焦虑是由紧张、焦急、忧虑、担心和恐惧等感受交织而成的一种复杂的情绪反应。它可以在人遭受挫折时出现，也可能在缺乏充分客观根据的情况下出现某些情绪紊乱。焦虑总是与精神打击及即将来临的、可能造成的威胁或危险相联系，主观上感到紧张、不愉快，甚至痛苦和难以自制，并伴有植物性神经系统功能的变化或失调。

（六）强迫症

强迫症是一组以强迫症状（主要包括强迫观念和强迫行为）为主要临床表现的神

经症状。

强迫症前兆状态就是过分追求完美。追求完美是一种积极人生，但是，过分追求完美，想享受高于自己能力的成就感，就属于脱离实际。过分追求又达不到完美，就会使这样的学生产生浮躁心理、挫折感，形成心理负担、心理障碍乃至心理疾病。尤其一些过去在高中出类拔萃的学生，因处于精英竞争状态，暴露出自己的弱势，于是，不甘心现状，给自己提出过高的目标。

二、心理问题的预防及救治

（一）心理问题的预防

1．注意心理卫生

所谓的心理卫生也称精神卫生，是指个体对各种环境的满意适应，是一种积极持续的心理状态。

心理卫生的基本原则如下：树立正确的人生观；防止与克服心理冲突；参加有益的集体活动；正常而友好的人际交往；要有自知之明；保持健康的身体，去掉不良嗜好。

2．培养健全的人格

人格也称个性，是指一个人区别于他人的，在不同环境中一贯表现出来的，相对稳定的影响人的外显行为模式的心理特征的总和。

健全的人格能正确地评价客观事物，采取恰当的态度，体验正常的情绪情感，做出正确的行为反应。

3．积极参与社会活动

对社会活动产生强烈的兴趣，就会抵制消极性负面情绪。与人交往越频繁，范围越大，相互扶持的机会就越大。心态越来越平和，心理压力也会得到缓解。很多时候人的疲惫不是体力达到了极限，恰恰是人的心理压力导致烦躁，进入一种身体没有疲劳，精神疲惫的状态。

4．坚持健康的生活方式

生活方式是指人们在日常生活中所遵循的行为规范，也是习惯化了的生活活动形式。健康是指在精神上、身体上和社会交往上保持健全的状态。

健康的生活方式有利于预防疾病，延长寿命，世界卫生组织提出并向全世界推广健康的生活方式，它的基本原则是：不吸烟、少饮酒、平衡膳食、注意锻炼。具体做法主要有：每天正常规律的三餐，少吃零食；每天都吃一顿丰盛的早餐；每周至少有三次体育锻炼；保持每天 7~8 小时睡眠；不吸烟；注意控制体重；少饮酒，不喝烈性酒；有病到正规医院诊治，正规用药；破除迷信，相信科学；学习医药卫生知识，学会自我保健方法，增强自我保健能力。

（二）心理问题的救治方法

1．理智回避法

研究表明，人在遭到挫折刺激或承受长期精神压力条件下，往往在大脑皮层中生成强烈的兴奋灶，以致出现"意识狭窄"现象。为此，在不良情绪欲爆发或难以承受日积月累的精神压力之际，要善于运用理智避开兴奋点，使自己远离一触即发的"触媒"，如找一个无干扰的环境，闭目养神，外出旅游，到大自然中调整心境，以使不良情绪得以缓解平息。

2．角色认同法

当自己存在一时难以克服的心理问题，当自己遇到难以抑制的情绪，把自己归属于能控制行为的人、品德高尚的人，进行心理暗示。经常把一个自己在理智情况下最敬佩的人物，认同为"未来的自己"，争取一点点地改变自己。

3．换位思考法

当发生矛盾后，我们往往会越想越生气，有可能在内心激发自己更偏激，可能会导致心理问题变成极端行为。

在冷静时，把客观事物（一个口角、一个讽刺等）重新拿出来，将自己与对方换位，如图8-6所示。思考自己作为伤害对方的人，会不会真的单纯就是恶意？若是失言口误、一时不注意，自己希望不希望对方原谅？如果自己作为当事人希望对方原谅，那么，今天作为受伤害的人，是不是也该大度一些？

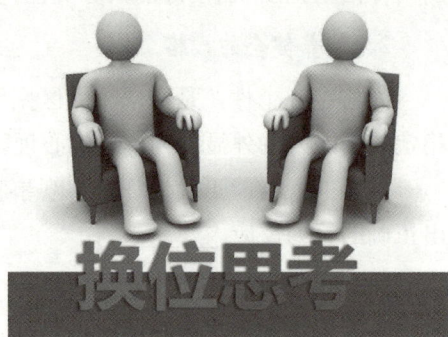

图8-6　换位思考

4．自我勉励法

美国著名作家奥格·曼狄诺所著的《世界上最伟大的推销员》一书被推为商业"圣经"，风靡西方世界。书中写道："每天醒来当我被悲伤、失败的情绪包围时，我就这样与之对抗：沮丧时，我引吭高歌；悲伤时，我开怀大笑；病痛时，我加倍工作；恐惧时，我勇往直前；自卑时，我换上新装；不安时，我提高嗓音；穷困潦倒时，我想象未来财富；力不从心时，我回想过去的成功；自轻自贱时，我想想自己的目标。"因此，自勉会使人以欢悦的态度微笑着对待生活。

5．积极暗示法

自己通过语言或想象，调节身心机能。暗示现象在日常生活中随处可见，如中国古代成语中所描述的"望梅止渴""草木皆兵""杯弓蛇影"等，都是暗示作用的生动写照。

运用暗示法易于达到缓解压力、调整不良情绪、增强自信心的效果。如发怒时，提醒自己"不要发怒""发怒会把事情办坏""想想办法吧"，当有较大的内心冲突和烦恼时，安慰自己"别人能办得到的，我也能办到"。

暗示法一般是用不出声的内部语言默念进行，也可以通过自言自语，甚至在无人处大声对自己呼喊来加强效果，还可将提示语写在日记本上、条幅上、墙上、床头，以便经常鞭策自己。

6. 降低期望法

很多时候，大学生的心理压力来自自我期望过高。适度降低期望，不是身份掉价，恰恰是保持心理平和，缓解压力，保证自己的心理健康。

小案例

小林以当地第一名的成绩考入北京某重点高校，第一学期期末，本来踌躇满志准备获取奖学金的她未能如愿。她的情绪从此一落千丈，变得郁郁寡欢，无心学习，也无法处理好与同学的人际关系，还整夜失眠；最后，不得不去医院精神科检查，结果诊断她患了抑郁症。

请思考

小林为什么会患上抑郁症？

第四节 情绪化行为控制

一、情绪化行为的产生

情绪化是人的情绪中非常普遍的一种在不理性的情感下所产生的行为状态。情绪化行为是指人处于情绪化状态下、不加控制的行为。由于情绪化往往表现为任由自己的内在情绪展现其原生状态，任其发展而不加以管理和控制。如个人受到痛苦的刺激，受到别人的讥讽或者遇到困难无法解决时，个人原有的平稳而有规律的行为，往往呈现出紊乱状态。情绪化现象女性多于男性，因为女性的感性思维多于男性。

二、情绪化行为的控制

（一）要承认自己情绪的弱点

每个人的情绪世界里都有他的优点弱点、长处短处，因此一定要认识自己情绪世界中的弱点和短处，不能回避，不能视而不见。例如，有的人喜欢激动，而且一激动就控制不住自己。首先要承认自己有这个毛病，在承认的基础上再认真分析自己好激动的原因是什么，在什么情况下容易激动，然后再找一些方法去克服。

（二）强制冷静

面对容易引发激动的事件，使自己冷静下来，尤其是在遇到较强的情绪刺激时应强迫自己冷静下来。迅速分析一下事情的前因后果，采取表达情绪或消除冲动的"缓兵之计"，尽量使自己不陷入冲动鲁莽、简单轻率的被动局面。例如，当你被别人无聊地讽刺、嘲笑时，如果你顿显暴怒，反唇相讥，则很可能引起双方争执不下，怒火越烧越旺，自然于事无补。但如果此时你能提醒自己冷静一下，采取理智的对策，如用沉默为武器以示抗议，或只用寥寥数语正面表达自己受到伤害，指责对方无聊，对方反而会感到尴尬。

（三）使用暗示、转移法

使自己生气的事，一般都是触动了自己的尊严或切身利益，很难一下子冷静下来。因此当你察觉到自己的情绪非常激动，眼看控制不住时，可及时采取暗示、转移注意力等方法自我放松，鼓励自己克制冲动。言语暗示如"不要做冲动的牺牲品"，"过一会儿再来应付这件事，没什么大不了的"等，或转而去做一些简单的事情，或去一个安静平和的环境，这些都很有效。人的情绪往往只需要几秒钟、几分钟就可以平息下来。但如果不良情绪不能及时转移，就会更加强烈。忧愁者越是朝忧愁方面想，就越感到自己有许多值得忧虑的理由；发怒者越是想着发怒的事情，就越感到自己发怒完全应该。

（四）学会处理矛盾方法

在遇到冲突、矛盾和不顺心的事时，不能一味地逃避，有时间时，运用合理处理矛盾的方法分析一下，一般采用以下几个步骤。

（1）明确冲突的主要原因是什么。

（2）双方分歧的关键在哪里。

（3）解决问题的方式可能有哪些。

（4）哪些解决方式是冲突一方难以接受的。

（5）哪些解决方式是冲突双方都能接受的。

找出最佳的解决方式，并采取行动，逐渐积累经验。

（五）陶冶情操

平时培养自己的业余兴趣、爱好，如学习书法、绘画、制作精细的手工艺品等，不仅陶冶性情，还可丰富业余生活。

> **小案例**
>
> 某学校几个学生临近毕业在寝室玩扑克，输者画猪头，每人都被画过猪头。其中一个学生输了多次，另一个学生在他脸上画完猪头后又多画了一条猪尾巴，并笑着说奖励他一个猪尾巴，这引起了他的愤怒，结果他拿起水果刀刺了过去，发生了恶性事件。
>
> **请思考**
>
> 如果你在现场，应该如何阻止以上恶性事件的发生？

第五节　人格侵害

一、人格侵害的产生

（一）法制观念淡薄

侵犯人格严格地讲是属于违法行为，因为侵犯人格导致极端行为出现，当事者有不可推脱的责任。然而，当今大学生法制观念淡薄，只图一时之快伤害他人人格的现象不断，说明了高智商群体的法制观念也亟须加强。

（二）能力短板现象

按理说，不同阶段的学生素质教育都应该是综合发展。但是，中国的教育在大学之前是应试教育，存在短板甚至"无板"现象。显然当时的学生状态是一个不能装水的水桶。进入大学后，如果学校不能及时弥补短板，大学生就是一个不能装水的"破水桶"。遇到人格伤害不能自我保护，被人任意践踏。

（三）人格缺陷

常见的人格缺陷有自卑、抑郁、怯懦、孤僻、冷漠、悲观、依赖、敏感、多疑、焦虑或对他人敌视、暴躁冲动、破坏等，这些都是不健康的心理因素。它们不仅影响活动效果，妨碍正常的人际关系，同时还会给周围带来不安全的因素。按照科学的划分，容易造成群体中人格伤害行为的属于反社会型人格缺陷，如不断地违反法律法规；以欺诈言行谋取利益；行为冲动，不计后果；好斗易怒，有打架或攻击他人的历史；因行为鲁莽而使他人陷入伤心的境地；对工作、学习、经济状况和家庭义务不负责任；缺乏自责，当自己给他人造成危害时，表现出漠不关心或认为是合理的；等等。

（四）社会因素

独生子女群体形成，生活环境围绕自己需要为所欲为，造成大学生缺乏完善人格的形成条件。家长为学生的生活艰苦付出、承担社会责任，更加重了大学生人格缺陷的程度。

二、人格的自我保护

（一）理性争辩

1. 保持理智，对事不对人

注意态度、保持自制力，不进行人身攻击，不搞无聊的辱骂。如：先声明"你刚才说话很伤人，我现在抛开我们两个人，就这件事，假设是另一个人对你这样，你会不会也感到自尊受伤害？"

2. 不要用第三者的话来支持自己的看法，压服对方

如你说："咱们班级不少人早就提醒我要防范你这种人，这回我算看清你的真面目了。"

3. 就事论事

争论问题时，切勿小题大做，把一些根本没有关联的东西拉扯在一起。

（二）善于拒绝

大学生中经常有人提出无理要求，潜台词中带着"你不帮忙就是不够意思"。你不帮忙会受到伤及人格的语言威慑，你帮忙了出现不良后果又转脸说："你自己没长脑子啊，我让你干你就干啊。"这种现象往往使人处于"干与不干"都受到人格侮辱的境地，最好参考如下方法。

1. 柔中有刚

拒绝的形式要婉转，而意思是十分坚定的。如你的同学让你违反纪律时，你可以面带笑容地说："兄弟，你饶了我吧，对不起，我现在有个急事要办哪。"说完快速脱身。

2．彬彬有礼

拒绝他人时，应当努力以一种平和而庄重的神情讲话，尤其是当别人的请求十分客气时，拒绝时要维护对方的自尊心。

3．不要直接拒绝

提出相反的建议，使对方知趣而不再说什么。

（三）维护尊严

1．用行动表示自己的不满和反抗

若你的同学指责你是个"草包"，最好的办法是展示出自己的聪明才智，用实际行动证明他的话是谎言。

2．不干不必由你干的工作

当有人经常随意将他人分内的工作强行分配给你时，应当尽量推脱，婉转地表示各人的事应当由各人自己去做。

3．说话果断

对专横、自以为是，毫不尊重别人人格的人，你应当理直气壮地大声与之交谈，不要心虚，畏首畏尾。

4．不要说会引起别人责备的话

不要轻易贬低自己，避免丧失你的尊严。

5．坦率直言

当别人在你学习时，视你而不见，毫无顾忌地大声说笑时，你应该表示不满，并大胆直言。

6．让人知道你有自己的追求

人们通常对有理想、有抱负、有作为的人是不会贬低的。

（四）直面羞辱

谁都不愿意遇到受人羞辱的令人不快的事。但当你需要处理这类人际冲突局面时，不妨试用以下方法。

1．顺水推舟

当他人羞辱你时，你可以顺着对方的话意或语势继续前进，这不仅体现了你的风度，而且最后的结果往往与发起羞辱者的初衷背道而驰。绝大部分人既想羞辱别人，又要维持自己的好形象，这种矛盾正是羞辱失败之源。

2．以退为进

面对他人的羞辱，采取硬碰硬的办法是不明智的。当他人在公开场合斥责你时，你不妨说："你在私下责骂我好吗？"这种忍让实际上是暗示他人要注意礼貌待人。

3．大智若愚

面对各种羞辱，我们不妨试试装聋作哑的作用，故意听不见，或干脆表现出水平有限，无法听懂。

4．沉着回击

如果有人故意出你的丑，存心让你难堪，你完全可以当众予以回击，走出窘境，争取主动。但必须沉着从事，占据优势，绝对避免发怒。

5．一笑了之

如果上述办法一时难以掌握，或者不能灵活运用，那么最好的办法，也是最体面、最容易学的办法，就是对别人的羞辱置之不理，一笑了之。

（五）藐视无赖

学生中避免不了无赖行为发生，由于个别人缺乏涵养，自以为别人无言以对，可以任其嘲弄。对此，你不要轻易示弱，自我贬低，要跟他针锋相对，以不失风度的方式回敬他。

1．无言冷视

当他大放厥词、自鸣得意，把你的弱点一一挑出来取笑时，你只需平静地定睛看他，像个与己无关的旁观者趣味盎然地欣赏眼前这个小丑的每一个表情，以无声的力量鞭挞其拙劣的独角戏。

2．听而不闻

当他实在太惹人讨厌，总是找你的麻烦，每句都针对你时，你要尽量抑制怒气，装作听不见，既蔑视他的言行，也显示你的涵养。

🔍 小案例

学生张某在校内某超市购物付款后，由于该超市收银员的疏忽，未将张某所购物品消磁，以致张某在离店时电子报警装置响铃。该超市安保人员立即将张某的包及电脑结账单索至总服务台检查，并在未查明事实真相的情况下，将张某带到办公室，强制滞留了一个小时，并造成群众围观。经超市工作人员核实其所购物品与电脑结账单相符后，才将张某放走。张某认为其身心受到非常大的伤害，随后向消费者委员会投诉，要求该超市公开赔礼道歉，并赔偿身心健康损失费。经市消委两次调解，超市同意向张某公开道歉，并赔偿张某精神损失费1 000元。

请思考

通过以上案例，你得到什么启示？

安全训练

身心安全测试、分析训练

训练步骤

01 针对问题逐项进行心理自我测试 ＞ 02 根据内容及要求展开分析 ＞ 03 书写分析报告 ＞ 成绩判定

训练形式

课堂布置，课后自我分析，统一上交，优秀分析供校园广播宣传。

心理健康自我测试（测试自我心理健康状态）

(1) 你认为你的头脑属于自己吗？　　　　　　　　　　　是□　　否□

(2) 你是否能控制自己的情感？　　　　　　　　　　　　是□　　否□

(3) 你生活的动力是否来自内心世界，而不是外界环境？　是□　　否□

(4) 你是否不需要别人赞许？　　　　　　　　　　　　　是□　　否□

(5) 你是否为自己制定行动的准则？　　　　　　　　　　是□　　否□

(6) 你是否不渴求公正？　　　　　　　　　　　　　　　是□　　否□

(7) 你是否不加抱怨地接受自己？　　　　　　　　　　　是□　　否□

(8) 你是否不崇拜偶像？　　　　　　　　　　　　　　　是□　　否□

(9) 你是否是一个实干家，而非批评家？　　　　　　　　是□　　否□

(10) 你是否喜欢探索神奇的求知世界？　　　　　　　　　是□　　否□

(11) 你是否不以贬义的词语描述自己？　　　　　　　　　是□　　否□

(12) 你是否始终如一地爱自己？　　　　　　　　　　　　是□　　否□

(13) 你是否能够自我发展？　　　　　　　　　　　　　　是□　　否□

(14) 你是否摆脱了所有的依赖性？　　　　　　　　　　　是□　　否□

(15) 你是否在生命中不再埋怨和挑剔？　　　　　　　　　是□　　否□

(16) 你是否不再感到内疚与忧虑？　　　　　　　　　　　是□　　否□

(17) 你是否不为将来而忧虑？　　　　　　　　　　　　　是□　　否□

（18）你是否给予他人以爱并得到他人之爱？ 是□ 否□

（19）你是否能在生活中避免动怒？ 是□ 否□

（20）你是否在生活中不再拖延时间？ 是□ 否□

（21）你是否能积极地承受失败？ 是□ 否□

（22）你是否能不经计划就自然而然地让自己保持愉快？ 是□ 否□

（23）你是否很有幽默感？ 是□ 否□

（24）你对别人待你的方式满意吗？ 是□ 否□

（25）你的生活动力是否是发展自己的潜力，而不是弥补自己的不足？

是□ 否□

如果肯定的回答占绝大多数，说明心理健康。如果肯定与否定回答平分秋色，说明心理有健康的一面，也存在问题。如果否定回答较多，一定要注意对自己的心理疾病进行治疗。

第九章

网 络 安 全

📖 **学习目标**

1. 了解网络安全的重要性，养成良好的上网习惯。
2. 明确网络不良信息的危害性，提高网络交往自我防范意识。
3. 懂得怎样预防网络诈骗。

🔔 **安全警句**

1. 心态平和勿贪欲，天上不会掉馅饼。
2. 见网友，需谨慎。

第一节　网络安全基本知识

我们生活在信息时代，而网络是信息社会的形象代言人；网络是科技飞速发展的智慧结晶体；网络以全方位的立体交叉方式构建出一座座全新的梦幻世界；网络以鲜活的刺激创立了一个个生机勃勃的生命空间。网络以它信息传递的快捷性、场景设置的虚拟性、大众参与的广泛性而渗透到我们生活的方方面面。

一、网络生理与心理危机

（一）网络生理与心理危机的发生

长时间不正确使用计算机或上网对学生的身体和心理可能造成许多损害。如损害学生的眼睛、颈椎、脊椎、腰部和背部、手指和手腕、下肢及皮肤等，甚至可能降低人体的免疫能力。沉迷网络，会造成心理扭曲。因此，学生应该养成科学健康使用计算机，养成良好的上网习惯，积极预防上网对生理和心理健康的损害，如图 9-1 所示。

图 9-1　预防网络对身体的损害

（二）网络生理与心理危机的预防

1. 养成良好的上网习惯和正确姿势

（1）要注意用眼卫生，预防"电脑眼"。眼睛与显示屏应保持至少 60 厘米的距离，显示屏的亮度要适宜，同时要注意环境光线的调节，如图 9-2 所示。

（2）要选用优质键盘、鼠标，保持正确的操作姿势，防止引发手腕和手指疾病。

（3）自觉控制上网时间，每天不超过 2 小时；上网 1 小时后要休息几分钟，到户外活动。

（4）要尽量选用辐射较低的显示器，或者使用防辐射器材，避免显示器的电磁辐射危害人体健康。

图 9-2　错误的上网姿势

（5）注意计算机使用环境的卫生，尽量去有合法营业资格、有安全保障、照明条件好、空气流通的网吧；在家或宿舍上网要经常通风换气。

2．注意心理安全

使用计算机或上网要注意心理安全，预防以下几种心理疾病。

（1）计算机依赖成瘾。使用者没有明确目的，不可抑制地长时间操作计算机或上网浏览网页、玩游戏等，几乎每天上网五六个小时，经常熬夜上网，网瘾日益严重。

（2）网络交际成瘾。在现实生活中不愿和人直接交际，不合群，沉默寡言，但喜欢网络交际，经常上网聊天或通过其他网络交流方式与人交流思想感情；一天不上网交际，就浑身不舒服。有的成为博客型网民，恨不能时时刻刻挂在网上。

（3）网络色情成瘾。难以克制地上网浏览、下载色情网页，收看色情影像，阅读色情文章等，沉溺在色情信息中难以自拔，甚至制作、传播色情信息，触犯刑律。

（4）网络躁狂或抑郁。一段时间若不能上网，便会产生失落感、空虚感、焦虑感，烦躁不安，想找人吵架或攻击别人；有的心情郁闷，百无聊赖，产生悲观厌世、自杀念头。

如果发生上述网络心理疾病，上网后可能产生更强的撒谎倾向，变得更加孤僻，容易冲动和狂躁，更加迷恋暴力血腥，对色情信息沉迷难舍，对学习逐渐失去兴趣，常常感觉除了上网别的没有意义。此时要及时进行心理咨询，接受心理治疗，如图 9-3 所示。

图 9-3　网瘾是野兽

3．警惕不良心理

使用电脑要警惕以下不良心理。

（1）追求刺激心理。掌握了计算机技术，就跃跃欲试，在不断破解别人电子密码，攻破网络禁区中寻求新刺激，乐此不疲。

（2）智力炫耀心理。自持身怀计算机绝技，把网络当成施展高智商的舞台，解密攻关成瘾，专门挑战保密单位、军事部门或政府机关网站，进行非法入侵窥探、捣乱活动。

（3）恶作剧心理。缺乏社会责任感和自我约束能力，道德观念淡薄，拿别人开"电子玩笑"，给别人制造电子麻烦，捉弄人。

（4）图财牟利心理。有关研究表明，促使犯罪者实施计算机犯罪的最主要的因素是个人财产上的获利，其次是进行犯罪活动的智力挑战。

（5）报复陷害心理。因为达不到某种目的或与人有矛盾纠纷，或者自认为遭受不公正的待遇等，对他人实行电子报复或陷害。

（6）法盲侥幸心理。以为互联网无国界、无法律、无警察；以为利用计算机违法无形无影，留不下痕迹证据；以为执法机关精通计算机的人不多，未必能侦查破案。其实，我国和世界上许多国家都有网络警察，其中有许多网络高手，专门打击计算机违法犯罪活动。

二、网络不良信息

（一）网络不良信息侵害的发生

目前网络不良信息的多元化趋势已经非常明显：除了已经被各大媒体曝光的各种色情类的视频、图片、文学等"低俗内容"之外，网络不良信息中还存在赌博、造假、诈骗等各类违反法律和违反道德的内容。

（二）网络不良信息侵害的预防

1．要上内容健康的网站

不要登录内容不健康的网站，不要浏览充满色情、暴力、凶杀、赌博等有损身心健康的内容，以免心灵遭受污染；不要沉迷于网络游戏和聊天，如图9-4所示。应多收集一些有益于身心健康和学习的信息，培养高尚的情操，努力树立正确的人生观、道德观和世界观。

2．要充分认识网络世界的虚拟性、游戏性和危险性

对网络恋情要多一点清醒，少一点沉醉，不要把网络当作现实生活的避风港。生活中无论有什么艰难险阻，都应该积极地去面对，去解决。

3．要保持正确对待网络的心态，遵守全国青少年网络文明公约

要善于网上学习，不浏览不良信息；要诚实友好交流，不侮辱欺诈他人；要增强保护意识，不随意约会网友；要维护网络安全，不破坏网络秩序；要注意身心健康，

不沉溺虚拟时空。

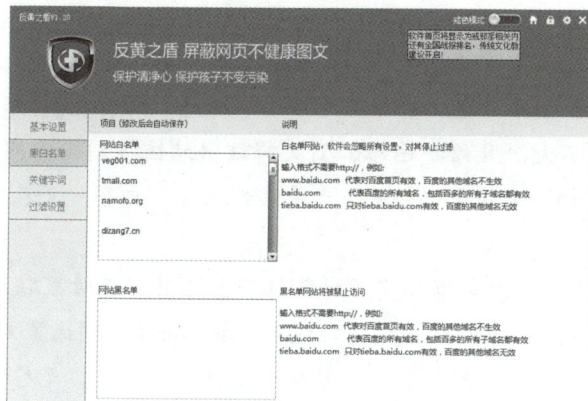

图 9-4　安装网络过滤软件

4. 要增强自控能力，上网场所要择优，上网时间要适宜

对网络"虚拟社会"不要过分沉溺，尤其是对"网恋""网络同居""网婚"等两性互动活动，千万不要过分痴迷而深陷其中，如图 9-5 所示。对网上的不良信息或非法信息，要提高识别能力，坚决进行抵制。

图 9-5　虚假的网络世界

5. 要加强自我保护，防止遭受非法侵害

对网友的盛情见面邀请，要保持警觉，尽量回避，以免上当，如图 9-6 所示。

图 9-6　网友见面须谨慎

小案例

刘系成都某校在读学生。2008年10月底，刘发现在黄色网页上做成人广告可以赚钱，于是在国外服务器上建立了一名为"无尽诱惑"的黄色网站，因国外为个人主页提供的存储空间不大，且维护困难，刘又将该网站链接到国内网易公司的目录下，并在该目录下的"zip"文件夹中存放了大量淫秽照片、文字，又在其中放置了广告词条，以图牟取利益。

2009年2月13日，成都市公安局计算机安全监察室在对互联网的监控中发现了该网站，借助刘留在网站上的联系邮箱为线索，通过侦查，确认了刘是成都某校学生。次日，警方将其抓获，并在刘的个人计算机中发现了大量同"无尽诱惑"网站中内容一致的淫秽照片、小说及一些应用软件等。经审查，刘对其犯罪事实供认不讳，并称自己家庭困难，想赚钱减轻家庭负担。据北京网易公司统计，该网站建立3个月以来，进入网站并点击其中广告词条的共计76 131人次，但直到案发时，刘并未得到分文报酬。鉴于刘归案后认罪态度好，又系初犯，法院酌情从轻处罚。

请思考

从这个案例中，你受到什么启发？

三、电脑"黑客"

（一）电脑"黑客"侵害的发生

黑客是一个中文词语，源自英文 hacker，通常是指对计算机科学、编程和设计方面具有高度理解的人。在信息安全里，"黑客"指研究攻击计算机安全系统的人员。利用公共通信网路，如互联网和电话系统，在未经许可的情况下，载入对方系统的被称为黑帽黑客，而调试和分析计算机安全系统的被称为白帽黑客。

随着网络黑客的发展，其内部也发生了很大变化，主要体现为系统化、组织化与年轻化。网络黑客从零散的形式向有组织的形式转变，而存在的组织也多以技术交流为主，成员普遍30岁以下，多为在校大学生或初、高中生，年龄层次趋向年轻化。

（二）电脑"黑客"侵害的预防

（1）要使用正版防病毒软件并且定期将其升级更新，这样可以防止"黑客"程序侵入你的电脑系统。

（2）如果你使用数字用户专线或是电缆调制解调器连接因特网，就要安装防火墙软件，监视数据流动。要尽量选用最先进的防火墙软件。

（3）别按常规思维设置网络密码，要使用由数字、字母和汉字混排而成，令"黑客"难以破译的口令密码。另外，要经常性地变换自己的口令密码。

（4）对不同的网站和程序，要使用不同的口令密码，不要图省事使用统一密码，以防止被"黑客"破译后产生"多米诺骨牌"效应。

（5）对来路不明的电子邮件或亲友电子邮件的附件或邮件列表要保持警惕，不要一收到就马上打开。要首先用杀病毒软件查杀，确定无病毒和"黑客"程序后再打开。

（6）要尽量使用最新版本的互联网浏览器软件、电子邮件软件和其他相关软件。

（7）下载软件要去声誉好的专业网站，既安全又能保证速度，不要去资质不清楚的网站。

（8）不要轻易给别人的网站留下你的电子身份资料，不要允许电子商务企业随意储存你的信用卡资料。

（9）只向有安全保证的网站发送个人信用卡资料，注意寻找浏览器底部显示的挂锁图标或钥匙形图标。

（10）要注意确认你要去的网站地址，注意输入的字母和标点符号的绝对正确，防止误入网上歧途，落入网络陷阱。

（11）注意防止盗窃计算机案件。在学校经常会发生此类案件：小偷趁学生疏忽，节假日外出，夜晚睡觉不关房门或外出不锁门等机会，偷盗台式电脑、笔记本电脑或掌上电脑，或者偷拆走电脑的 CPU、硬盘、内存条等部件，给学生造成学习困难和经济损失。

（12）注意防止火灾、水害、雷电、静电、灰尘、强磁场、摔砸撞击等自然或人为因素对计算机的危害，要注意保证计算机运行环境和辅助保障系统的可靠性、安全性。

（13）防止计算机病毒侵害电脑。要使用正版软件，不要使用盗版软件或来路不明的软件；从网络上下载免费软件要慎重，注意电子邮件的安全可靠性；不要自己制作或试验病毒。重创世界计算机界的 CIH 病毒，据说是一个台湾的青年学生制作的，它给全世界带来不可忽视的电子灾难。

（14）如果你把计算机接入互联网，经常进行网上冲浪，就必须小心"黑客"的袭击。

（15）有了计算机，就要同时选用正版杀毒软件，应选用可靠的、具有实时（在线）杀毒能力的软件，如图 9-7 所示。

（16）养成文件备份的好习惯。首先是系统软件的备份，重要的软件要多备份并进行写保护，有了系统软件备份就能迅速恢复被病毒破坏或因误操作破坏的系统。其次，重要数据备份，不要以为硬盘是永不

图 9-7　安装杀毒软件

消失的保险数据库。某高校一位研究生把毕业论文存储在笔记本电脑里，没有打印和备份，后来该笔记本电脑丢失，令他十分痛苦，几个月的心血白费了。另外，病毒也会破坏你的硬盘或数据。

（17）给电脑买个保险。据《中国经济时报》报道，中国人民保险公司开始在全国范围内推广计算机保险。此险种，包括计算机硬件损失保险、数据复制费用保险和增加费用险（设备租赁费用险）等，主要承保火灾、爆炸、水管爆裂、雷击、台风、盗抢等导致的硬件损失、数据复制费用和临时租赁费用。对于风险较难以控制的病毒、"黑客"侵害和计算机 2000 年等问题，则列入责任免除条款。

（18）要树立计算机安全观念，心理上要设防。网络虽好，可是安全问题丛生，网络陷阱密布，"黑客"伺机作案，病毒层出不穷，要特别小心。不要以为我是高手我怕谁，须知天外有天，网上"杀手"多如牛毛，弄不好就被人"杀了"。

（19）保护电脑安全的其他措施：

①最好选购与周围人的电脑有明显区别特征的产品，或者在不被人轻易发觉的地方留有显著的辨认标志。

②当你和机器分别较久时，如寒暑假等，最好把机器内部较贵重的芯片取下保存他处。

③上网的电脑千万注意防止密码泄漏，要经常更改密码。

④在有条件的学校，可寄放到专门的保管场所。

🔍 小案例

据悉吉林公安机关开展统一行动，在吉林、福建、广东、山东、河南等地抓获犯罪嫌疑人 31 人，捣毁犯罪窝点 4 处。

经查，这一犯罪团伙利用木马程序和钓鱼网站等方式获取韩国居民银行卡信息，然后由韩国籍犯罪嫌疑人冒充韩国银行工作人员，通过打电话方式诱骗用户解除银行卡保护设置，利用已获取的韩国居民网银账户信息登录韩国受害人网银账户，将银行卡内的存款转移至专门用于接收赃款的韩国银行卡，再由位于韩国的犯罪嫌疑人通过银行 ATM 机取出赃款。

经初步统计，这个犯罪团伙一周内盗窃的资金折合人民币就有 300 余万元。

请思考

从这个案例中，你受到什么启发？

第二节　网络社交安全

一、垃圾邮件

（一）垃圾邮件的产生

垃圾邮件可以说是因特网带给人类最具争议性的副产品，它的泛滥已经使整个因特网不堪重负。妖言惑众、骗人钱财，传播色情等内容的垃圾邮件，已经对现实社会造成危害。

（二）垃圾邮件的预防

（1）不要响应不请自来的电子邮件或者垃圾邮件，如图 9-8 所示。

（2）不要把您的邮件地址在 Internet 页面上到处登记。

（3）不要登录并注册垃圾邮件列表中有你的名字的站点。

（4）不要把你的邮件地址告诉给你不信任的人，如图 9-9 所示。

（5）不要订阅一些不健康的电子杂志，以防止被垃圾邮件收集者收集。

（6）谨慎使用邮箱的"自动回复"功能。

（7）发现收集或出售电子邮件地址的网站或消息，请告诉相应的主页提供商或主页管理员将你删除，以避免邮件地址被他们利用。

（8）建议你用专门的邮箱进行私人通信，而用其他邮箱订阅电子杂志。

图 9-8　拒绝垃圾邮件

图 9-9　邮箱安全

（9）不要轻易泄漏自己的 ISP 信箱地址。如果不得不留下邮箱地址以方便其他网友与自己联系，可以采取一些变通的方式。如将 myname@123.com 写成 myname#123.com，这样网友会明白你的意思，而 E-mail 地址收集软件会将其视为非法地址而放你一马。

（10）使用好邮件软件的管理功能。网民们常用的 Outlook Express 和 Foxmail 都具有很不错的邮件管理功能，可实现邮件的过滤。

（11）使用专业的垃圾邮件清除软件。如 Novasoft 公司的 Spamkiller2.02 和 Unisyn Software 公司的 Spam Ex3.2 等软件。

二、网络交友

（一）网络交友危机

互联网的出现拓展了人们的交往空间，也因此改变了某些人的交友方式。但是，一些人迷恋于在虚无缥缈的网上世界结识自己的"朋友"或"知己"，在未曾谋面、根本不了解对方的情况下便敞开心扉，无所不谈，将自己的隐私、家庭住址、家人情况等毫不隐瞒地告诉网友，甚至邀请其见面或到家做客。在网络的另一端，有时虽连接的是友情，有时却可能连接着危险。因此，网上交友陷阱多，要慎之又慎。上网与他人交往时一定要有戒备之心，切莫轻信他人。

（二）网络交友危机预防

1．不要乱发征友广告

网上的交友网站很多，超过一半是色情类的，上这些网站交友的人要找的不是朋友而是性伴侣，因此请小心选择，不要糊里糊涂就发出一个征友广告，如图 9-10 所示。

图 9-10　网上谨慎交友

2．增强个人隐私信息自我保护意识

填写注册信息时，除了网站要求公开的基本个人信息，为了安全考虑，请不要在通信过程中泄漏任何真实的隐私信息。需要注意保护的信息有：真实姓名、住宅电话、手机号码、办公电话、家庭住址，或者任何可能让他人直接找到你的信息，如图 9-11 所示。

3．对试图得到私人信息的人保持警惕

如果有些人不停地向你索取私人通信方式，或者主动提供给您 QQ 或电话。此时一定要保持冷静，慎重对待这种局面，并做出理性选择。

图 9-11　提高个人信息保护意识

4．勿和网友发生借贷关系

社会新闻中常常看到被网友骗取财物的事件，切勿和网友发生钱财或者物品的借贷关系。哪怕给比较熟悉的网友借钱，也务必留下凭证，以免发生不愉快的事情。

5．不要轻易与网友见面

如果一定要见网友，务必注意以下几点。

（1）大多数的网友被侵害案件，发生在双方认识 3 个月以内。也就是说，尽量不要与刚认识不久的网友见面。如果对方真的尊重你，不会没有耐心的。

（2）如果对方没有经过认证，一定不要见面。

（3）不要选择偏僻或人少的地方作为见面地点。

（4）事先告诉你的好友或家人，你要见的人的名字、电话，还有见面的地点，及大致回来的时间。

（5）只带零花钱，而不要带多余的现金及银行卡在身上。

（6）在充分相信对方之前，不要告诉对方你的详细住址。

（7）与网友见面过程中，如果发现不对劲，立即乘车离开或进入人多的地方。

（8）控制首次约会的时间，坚持自己回家。掌握好首次约会的时间是非常明智的，不要忘记早些回家，让家人放心。

三、网络游戏侵害

（一）网络游戏侵害的产生

网络游戏对推进信息产业的发展和活跃娱乐业起到一定的作用。但是，不少学生因沉迷于网络游戏而造成的危害也不小。凡沉迷"网游"的学生，成绩下降，甚至逃学，有的甚至精神恍惚，从而给学校、家庭、社会造成极为消极的影响，如图 9-12 所示。

图 9-12　不要沉迷网络游戏

（二）网络游戏侵害的预防

（1）预防网络游戏成瘾措施，努力做到遵守校规校纪，养成健康的学习、生活规律，不到校外网吧上网，绝对杜绝通宵上网。

（2）学会利用网络进行科学研究，学会利用网络发展自己，充分利用网络资源提高学习效果、工作水平和综合素质。

（3）遵守网络公共道德规范，严格自律，杜绝不健康上网方式。

（4）建立学生自己的网站，用健康、有价值的信息填充网络空间。

（5）对于网络游戏已经成瘾的同学进行适当的心理咨询。通过心理健康咨询与指导中心工作，帮助患有不同程度"网络成瘾症"的学生尽快走出困境，回到正常的生活与学习中来。对已经沉迷网络游戏不可自拔，有网络游戏成瘾症的学生，可采用适当的心理治疗手段来矫正。

（6）要做网络的主人而不是奴隶。青年学生应该意识到这一点，应该自主驾驭网络，而不是被网络牵着鼻子走。切不可将网络游戏当作一种精神寄托。尤其在现实生活中受挫的学生，不能只依靠网络游戏来缓解压力或焦虑。应该在家人、老师、同学、朋友的帮助下，勇敢地面对现实生活。

（7）要学会规划自己的生活。可以制订一个理性的生活计划，例如把学习的时间、读书的时间、锻炼的时间和娱乐的时间及探亲访友等事情都做个计划。

（8）丰富自己的业余生活，切忌把全部业余时间都花费在网络游戏上，如图 9-13 所示。青年学生可以根据自己的兴趣、爱好及家庭的条件、亲戚邻里的状况来创造学习、交流沟通、娱乐等方面的平台，也可以从老师那里寻求帮助。

图 9-13　网络游戏危害大

（9）有意识地克制、约束自己，把玩游戏的时间控制在适当的度，可以请父母或朋友监督。

小案例

2002 年 6 月 16 日凌晨 2 时 40 分，北京市发生了一起震惊全国的"蓝极速"网吧纵火案。"蓝极速"事件大家不会陌生，两个未成年人宋某、张某，在"蓝极速"网吧纵火的惨剧，让 25 人失去了宝贵生命。纵火人张某，男，13 岁。宋某，男，14 岁。二人系本市某中学学生，且均因父母离异后缺少家庭管教经常逃学。他们经常去网吧玩，就沉迷在这个虚拟暴力的世界里。他们认为这个世界就像他们玩的这个暴力游戏。由于沉迷网络的暴力游戏，造成孤僻的性格和潜在的暴力倾向，就因为几句口角之争，他们就去买了些汽油……就这样惨剧发生了。花季般的年龄，美好的人生，主犯张某和宋某被判无期，还有一名因为当时不满 12 岁被送去了少改所。花季的他们，现在本该在学校里和青年学生健康快乐地在一起，而不该在这冰冷的墙院内。

以上案例给了你怎样的启发？

第三节 网络购物

一、网络购物陷阱

随着电子商务在我国的迅速发展，网络消费已经十分普及，但存在的陷阱也比比皆是，如图 9-14 所示。

（1）有的购物网站中，东西看着便宜，但买到手时算算总账，加上运费，就不像想象中那么划算了。有些网站的标价动辄 5 折甚至 3 折，其实所标的原价都会比网下的要贵，而对大家耳熟能详、对价格比较

图 9-14 网购陷阱

清楚的产品标很低的价位，给人造成这个网站非常便宜的假象，这就是网购陷阱。其实多数商品并不合算，甚至还会超出实体店折后价，总账算下来，网站的利润非常高，消费者买得可不划算。

（2）夸大其词、虚假宣传。利用巨额奖金或奖品诱惑消费者浏览其网站，攒积分换取奖品。攒积分的方法有注册网站、浏览网站、介绍下线等几种，但其奖品最终还需要钱买。网页上显示购买商品有赠品赠送，但消费者拿到商品时才发现赠品缺失或不符。千万不要被表面现象所迷惑。

（3）网购时使用信用卡的比例比较大，容易出现信用卡被盗用、财产损失的问题。

（4）有些网站采取格式化契约条款，给消费者提供的只是"同意"或"不同意"，至于契约中的详细内容，是否存在不合理条款，消费者并不清楚。这种网购陷阱经常出现在我们面前，一定要仔细阅读条款，以免掉入网购陷阱。

（5）商家对网上售出的商品不承担"三包"责任。这样很容易出现东西损坏、丢失，到时候就得不偿失了。

（6）给卖家汇款后，根本找不到卖主，这样我们的钱就丢了。因此在买东西前一定要仔细核查卖主的信息，以免掉入这个网购陷阱。

（7）C2C 的拍卖网站人气很旺，对于个人卖家，更要多加留心。千万不要被这些小诱惑吸引，否则很容易掉入网购陷阱。

（8）多数网站未给消费者提供足够信息。33% 的网站没有退换货说明，39% 的网

站未建立隐私保护对策，这种网站最好还是少去。

（9）买到的商品不能让人满意，包括：有色差，电脑的图片有时候看起来很漂亮，拿到实物，却又不一样；上传到网上的图片都是经过处理的，这个网购陷阱不是很明显，因此在购买东西时一定要看看评价。

（10）交货延迟。

二、网络购物陷阱的预防

（一）预防低价陷阱

"第二件半价""特价"及"最低价"等字眼是最常见的，实际上这恰恰是消费者最容易中招的地方，因此购物前可查看该商品的历史交易价格，防止跌入价格陷阱，如图9-15所示。

（二）预防宣传陷阱

相信不少消费者都有类似的网购经验，寄来的商品和网页美美的图片相差甚远，因此建议向展示实物图的商家购买，或者购物前索取实物图。

图9-15 价格陷阱

（三）预防钓鱼陷阱

"双十一"期间，很多曾经网购的消费者会收到商家发送的促销、物流、支付、红包等信息，不少可直接点击网址进入查阅。为避免误入钓鱼网站，请勿打开网址链接，应进入网店的官方网站、APP查阅信息。

（四）预防定金陷阱

不少商家会以交定金可在"双十一"当天享受低价的方式吸引消费者提前交纳定金，并注明定金不退。在此提醒消费者交定金前要货比三家，别冲动消费。

（五）预防海外代购陷阱

海外代购存在一定风险。如确需海外网络代购，消费者除选择知名度较高的第三方网络交易平台和可靠的支付方式进行交易外，还要求代购人提供购物凭证、收银单据、真实联系方式等，并保留邮寄凭证，以备查询。

（六）预防虚假发货陷阱

遇到此类问题消费者应及时咨询了解，临近系统自动确认收货时应要求商家延期确认收货期限或取消订单，以免钱到卖家手，货却没收到。

（七）其他网购要提早做好购物准备

网购前要考虑自己的实际需要，千万不要因为促销低价而购买。收货时当场开箱查验，特别是代收货款的交易，一旦发现问题，立即联系商家并拒收商品。

小案例

"全网狂甩小米手机，超低价抢购只限今天！"黄先生浏览手机网站时，跳出这样一个促销小米手机的网页。"199 元就能抢到一部价值 1999 元的小米 3 手机"黄先生被低价抢购的噱头吸引了，当即点击抢购，并支付 199 元。

原以为天上掉馅饼，可等手机一到货，黄先生傻了眼：原来是一部外观和小米 3 差不多的杂牌机。黄先生觉得上当受骗了，多次拨打运单上商家的电话，但都没人接听，当时支付的网页也已经打不开了。

请思考

你是怎样预防网络购物陷阱的？

第四节　网络诈骗

一、网络诈骗的发生

随着互联网络的快速发展，网上炒股、网上银行、网上营销等网上商务活动日渐兴起，网络可以说已成为中国老百姓一种较为重要的投资理财工具。媒体宣传说互联网是当今世界上最大的富翁制造工厂，制造出了如比尔·盖茨等亿万富翁，殊不知，就在这个虚拟世界的互联网上，潜伏着各种各样的诈骗陷阱，特别是近年来高利贷披上了"校园贷款"的外衣，将罪恶的魔爪伸向了纯洁的校园，很多在校学生因涉世未深，缺乏判断能力，便轻易陷入校园贷的泥潭，如图 9-16 所示。

图 9-16 校园贷易申请、难承受

二、网络诈骗概念及预防

网络诈骗通常指为达到某种目的在网络上以各种形式向他人骗取财物的诈骗手段。犯罪的主要行为、环节发生在互联网上，用虚构事实或者隐瞒真相的方法，骗取数额较大的公私财物。

（一）针对假冒网上银行网站的对策

广大网上电子金融（网上银行、网上证券）、电子商务用户在进行网上交易时要注意以下几点。

（1）一定要核对网址，看是否与真实网址致，建议直接在浏览器上输入银行网址，而不是点击搜索引擎的搜索结果或其他不明网站和不明邮件中的链接。

（2）要选妥和保管好密码，不要选如身份证号码、出生日期、电话号码等作为密码，建议用字母、数字混合密码，尽量避免在不同系统使用同一密码。

（3）要做好交易记录，对网上银行、网上证券等平台办理的转账和支付等业务做好记录，定期查看"历史交易明细"和打印业务对账单，如发现异常交易或差错，立即与有关单位联系。

（4）建议不要使用大众版网上银行，要管好个人数字证书，避免在公用的计算机上使用网上交易系统。

（5）要对异常动态提高警惕，如不小心在陌生的网址上输入了账户和密码，并遇到类似"系统维护"之类提示时，应立即拨打有关客服热线进行确认，万一资料被盗，应立即修改相关交易密码或进行银行卡、证券交易卡挂失。

（二）针对虚假电子商务信息的对策

应掌握以下诈骗信息特点，不要上当。

（1）虚假购物、拍卖网站看上去都比较"正规"，有公司名称、地址、联系电话、联系人、电子邮箱等，有的还留有互联网信息服务备案编号和信用资质等。

（2）交易方式单一，消费者只能通过银行汇款的方式购买，且收款人均为个人，而非公司，订货方法律采用先付款后发货的方式。

（3）骗取消费者款项的手法如出一辙，当消费者汇出第一笔款后，骗子会来电以各种理由要求汇款人再汇余款、风险金、押金或税款之类的费用，否则不会发货，也不退款，一些消费者迫于第一笔款已汇出，抱着侥幸心理继续再汇。

（4）在进行网络交易前，要对交易网站和交易对方的资质进行全面了解。

（5）一定要看看该电子商务网站是否已经部署了 SSL 证书，即浏览器下方是否有安全锁，否则你在线输入的机密信息极有可能被非法窃获。

（三）设置多种密码

如果已经不小心向不明人员或网站提供了网上银行密码，要立即登录网上银行修改密码，或到银行柜台进行密码重置，并且选择不容易猜测的密码，以免被"有心人"猜中。还可以将网上银行登录密码和用以对外转账的支付密码设置为不同的密码，多重验证，以保证资金安全。

（四）验证预留信息

"预留信息验证"是有些银行为帮助客户有效识别银行网站、防范不法分子利用假银行网站进行网上诈骗的一项服务。使用时可以在银行预先记录一段文字即"预留信息"，登录个人网上银行、在购物网站上进行支付或在线签订委托缴费协议时，网页上会自动显示预留信息，以便验证是否为真实的银行网站。如果网页上没有显示留验证信息或显示的信息与客户的预留信息不符，应立即停止交易。

（五）确认交易对象

消费者应该选择信誉良好、有保障的商家，对于不熟悉的卖家，务必检查网站上的联系信息是否真实。

（六）选择安全购物网站

安全网站会采取加密技术传输你发出的信用卡号码类信息，有效保护用户重要信息。这类网站网址通常以"https"开头，"s"表明它是更加安全的。买家可以在互联网浏览器下方寻找是否有一个闭合的挂锁，如没有挂锁，表示该网站可能存在安全隐患。即使在安全的网站上购物，除完成交易手续外，消费者也不要发送其他财务数据。

（七）警惕来自貌似熟悉公司的钓鱼邮件

警惕要求你提供个人信息的电子邮件，因为正规企业不会主动要求你透露个人信息。消费者应在浏览器中直接输入正确网址，不要点击邮件中的链接，以免进入假冒网站。

（八）检查卖家的隐私权与安全政策

正规卖家会在其网站张贴隐私权与安全政或声明，注明收集哪些数据、如何使用或分享这些数据。如果不希望个人人信息被其他公司分享，你可以要求保密，如没有此选项，可以考虑远离该网站。

（九）注意不同国家的安全与隐私权标准的不同

消费者应及时打印购物时的条款、条件、保障、商品说明、公司信息及来往确认的邮件（最好注明日期），作为购买凭证，并及时检查购买的商品，发现问题时尽快联系卖家。

（十）不用个人信息作密码

注册账户、密码时，消费者要确保密码应有数字或符号且在 8 位以上，不要使用身份证号码、生日、电话号码等，也不要写在纸上，如图 9-17 所示。

图 9-17　保护好个人信息

（十一）主动预防

消费者应该购买并定期升级带有探测间谍软件功能的防毒与防火墙软件，并及时安装操作系统补丁，还要坚持每周完全扫描一次系统并删除发现的病毒、广告软件或间谍软件。

（十二）定期检查信用报告与信用卡账单

消费者应该定期检查信用报告与消费纪录，确保金额正确及信用卡号码未被他人盗用。

🔍 小案例

学生王某 2016 年 12 月在网上某商城浏览电子产品。该网站上出售手机、数码相机、数码摄像机、笔记本电脑、平板电脑等，上面很多产品的价格都特别低，于是王某看中了一款三星 Galaxy S6 型号的手机，售价是 1 800 元。王某开始一直很怀疑这个网站，打过很多次电话到客服，客服接线员是一个说着福建普通话的男性，在李某一系列的提问下，他都耐心、详细地回答，于是王某相信了这个网站。12 月 26 日转账 1 800 元过去，并嘱咐尽快发货，客服说正好在王某所在城市也有客户购买他们的笔记本电脑，还说数量很大，不好邮寄，12 月 30 日直接送货给王某。可就在星期六的早上王某接到电话，对方说他现在已经在王某所在城市，但是他有一个工作伙伴在送货到贵阳时被工商局抓了，货也被收了，因此以怕王某是工商局的人为由，拒绝当面交易。还说如果想现在拿到货，想让他们相信，王某就必须汇 3 000 元的保险金到他们账上。王某马上又拨打客服电话，客服还是以同样的理由让王某汇 3 000 元给他们，王某又多次打电话给对方未果，后来王某打客服电话要么就是不接，要么就是说可以退钱，但是需要王某先打款。

请思考

你经历过这样的事情吗？遇到这样的情况，你会如何应对？

三、校园贷概念、特点及预防

（一）校园贷的概念

校园贷是指在校学生向正规金融机构或者其他借贷平台借钱的行为，如图 9-18 所示。

图 9-18　校园贷的主要对象是大学生

校园贷严格来说可以分为四类：

（1）消费金融公司如趣分期、任分期等，部分还提供较低额度的现金提现。

（2）P2P贷款平台（网贷平台），用于大学生助学和创业，如名校贷等。因国家监管要求，包括名校贷在内的大多数正规网贷平台均已暂停校园贷。

（3）线下私贷——以民间放贷机构和放贷人为主体，俗称高利贷。高利贷通常会进行虚假宣传、线下签约、做非法中介、收取超高费率，同时存在暴力催收等问题，受害者通常会遭受巨大财产损失甚至威胁自身安全。

（4）银行机构——银行面向大学生提供的校园产品，如招商银行的"大学生闪电贷"、中国建设银行的"金蜜蜂校园快贷"、青岛银行的"学e贷"等。

（二）校园贷的特点

（1）放贷门槛较低。校园贷类P2P平台大多自我宣传"1分钟申请，10分钟审核，快至1天放款，0抵押0担保"，申贷门槛低，手续非常简单，大多数学生仅需在网络平台提供学生证、身份证和个人学籍信息截图，就能完成注册和放款，甚至不需要贷款者本人亲自办理。如此一来，一些经不住诱惑或无偿还能力的学生可以轻易贷到款，但也放大了贷款的风险。

（2）贷款隐形费用较高。很多校园贷的宣传页上打着"零首付、零利息、免担保"等"优惠"条件，故意隐藏高额的手续费、服务费，诱导学生贷款。

（3）隐藏着高额的逾期违约金。在签订贷款申请时，这些费用甚至在借款时就从所借款项中扣除，导致实际借到的钱与欠条所写金额不符。网贷平台经常要求大学生按照与实际不符的金额出具欠条并计算利息，在逾期不能还款的情况下，将利息也一并写入欠条，实现利滚利。不仅如此，一旦发生还款逾期，随之而来的"利滚利"更是十分惊人，如图9-19所示。

图 9-19 校园贷的"利滚利"

（三）校园贷的预防

经过整治，校园贷得到遏制，但出现回租贷、培训贷等诸多"新马甲"校园贷严重扰乱校园环境和市场环境，严重危害学生人身财产安全和社会稳定。教育部等部门2017年联合下发《关于进一步加强校园贷规范管理工作的通知》，明确要求未经银行业监管部门批准设立的机构不得进入校园为大学生提供信贷服务。公安机关始终保持对校园贷的高压严打。此外，很多商业银行加大高校助学、培训、消费、创业等金融产品的研发和推广，为大学生提供规范、合法的金融服务，同时也应加强对大学生基础金融知识的教育，提高大学生风险意识，培养学生的"财商"。大学生只有掌握基本的金融知识、消除懵懂的借贷心理，才能理性借贷，不被一时的享乐冲昏头脑，从而将不良网贷赶出校园。

小案例

"爸，妈，我跳了，别给我收尸，太丢人。爸，妈，来世做牛做马报答你们。"这是2016年3月某大学在校生小郑发给父母的最后一条短信，在发完这条短信后他以跳楼结束了自己的生命。由于迷上了网络赌球，小郑先后通过某借贷平台共计借款6万块钱，这笔钱利滚利，慢慢地小郑就无力还款了。虽然借贷平台宣传贷款"无利息"，但其实他们巧立名目，偷换概念，将利息换成了所谓的手续费、违约金、迟延履约金、保证金等，加在一起，高出国家规定的银行同期利率的10倍、20倍甚至更多。走投无路之下，小郑偷偷用同学的身份信息去贷款还债。他先后用28名同学的身份证借钱，然而，这并没有缓解小郑的还贷压力。同学们陆续收到催款电话，直到这时，他们才知道自己的身份信息被小郑用来贷款。

最终，欠款像滚雪球一样越滚越大，变成了60多万元。小郑不仅要偿还巨额贷款，还面临着来自家庭和同学的压力。重压下，他最终选择自杀来逃避一切的问题。

请思考

从以上案例中，你得到什么启示？

安全训练

网络诈骗案例分析

训练步骤

01 不同情景设计 ▸ 02 自我设计预防方案 ▸ 03 统一上交 ▸ 成绩判定

训练形式

课内布置,网络诈骗案例,设计预防方案。

不同情景如下,请设计预防方案:

情景一:犯罪嫌疑人以某公司为庆祝 ×××活动而进行抽奖,你中了二等奖为由,要求你汇邮费、所得税、公证费等。当你把这些费用汇出后,他们又称搞错了,称你中的是特等奖,奖品价值更高,然后诱骗你再汇一笔更多的费用。

情景二:犯罪嫌疑人张某在学校门口向你询问找工作情况,并声称自己是省建设银行的,今年想在该校通过暗访招五名优秀大学毕业生。通过交谈,张某说你素质不错,让你再找几个素质好的毕业生,一起到其住的宾馆面试,合格后就往学校发函,再签协议书。你回校后找到了四名比较好的同学到宾馆面试。该男子和另一个自称人事处长的男子说五个人都不错,同意录用,让你们每人交 1 000 元保证金后回去等通知,两天后签合同,并给五个人留下名片。

第十章

安全求助与急救常识

学习目标

1. 掌握各项安全求助的内容。
2. 牢固树立安全求助意识，并了解其重要性。
3. 学习掌握安全求助的要点以及安全急救的方法。

安全警句

1. 119 电话要记清，及时准确报火警。
2. 火灾事故重预防，无灾避难得安康。
3. 交通事故 122，伤病急救 120。

第一节　110 报警求助

110 报警服务台以维护治安与服务群众为宗旨，除负责受理刑事、治安案件外，还接受群众突遇的、个人无力解决的紧急危难求助。发现刑事、治安案（事）件及危及公共与人身财产安全、工作学习与生活秩序的案（事）件时，及时拨打 110 报警电话是每位公民的第一反应，如图 10-1 所示。

图 10-1　110 报警求助服务

一、110 报警服务电话

许多人都知道在遇到危险或紧急情况时要拨打报警电话 110，但是，当困难真正降临时许多人并不知道如何正确拨打 110。在有以下情况发生时都可以拨打 110 报警。

（1）正在发生杀人、抢劫、绑架、强奸、伤害、盗窃、贩毒等刑事案件时。

（2）正在发生扰乱商店、市场、车站、体育文化娱乐场所公共秩序，赌博、卖淫嫖娼、吸毒、结伙斗殴等治安案件时。

（3）发生各种自然灾害事故时。

（4）发生重大责任事故时。

（5）突遇危难无力解决时。

（6）要举报违法犯罪线索时。

二、正确拨打 110 报警服务电话

（1）110 免收电话费，各种公用电话均可直接拨打，也可用手机、固定电话直接拨打。

（2）拨通 110 后，会听到中英文语音提示"你好，110 报警服务台"，然后会有接警员受理你的报警求助，如果是误拨，请立即挂断。

（3）当 110 报警服务台满负荷接警时，你将会听到"110 报警服务台正忙，请持机稍后等待接警"的语音提示。此时请不要挂机，一旦有线路空出，你的报警求助电话会被立刻接通，接警员会请你讲话。

（4）发生紧急情况时，要抓紧时间报警，以免贻误时机。报警时要保持冷静，不要因为突然发生的事件、案件导致自己紧张而言语不清。

（5）报警内容要真实，不能谎报警情，以免警方误判，造成警力资源的浪费。报警时请讲清案发的时间、方位、你的姓名及联系方式等。如对案发地不熟悉，可提供现场附近具有明显标志的建筑物、大型场所、公交车站、单位名称等，如图 10-2 所示。

图 10-2　如何拨打报警电话

（6）报警后，要保护现场，以便民警到现场后提取物证、痕迹。

（7）未成年人遇到刑事案件时，应首先保护好自身安全，再进行报警。

（8）胡乱拨打 110 报警电话违反《中华人民共和国治安管理处罚条例》，会扰乱公安机关的正常出警，造成公安机关出警成本提高且会延误其他真正有需要寻求公安机关帮助的人，会受到相应的治安管理处罚，因此不能胡乱拨打 110 报警服务电话，如图 10-3 所示。

图 10-3　胡乱拨打报警电话属违法

小案例

2015 年 11 月 15 日 23 时至次日 1 时许，北京 110 报警服务台多次接一张姓男子扬言杀人警情。后据民警详细调查，该名男子近两年内多次酒后拨打 110 恶意滋扰，

曾因此被警方拘留处理。民警于 11 月 16 日清晨将张某抓获。经审查张某交待，称于
11 月 15 日 23 时至次日 1 时许，酒后在怀柔区雁栖镇某地多次用手机拨打 110 电话报
警谎称杀人。

依据《中华人民共和国治安管理处罚法》，张某因虚构事实、扰乱公共秩序被警
方处以行政拘留的处罚。

请思考

从上述案例中你得到怎样的启发？

第二节　119 火警事故求助

在遇到火灾、危险化学品泄漏、道路交通事故、地震、
建筑坍塌、重大安全生产事故、空难、爆炸、恐怖事件、群
众遇险事件，水旱、气象、地质灾害、森林、草原火灾等自
然灾害，矿山、水上事故，重大环境污染、核与辐射事故
和突发公共卫生事件时，均可拨打消防报警电话 119，如图
10-4 所示。

图 10-4　火警电话

一、119 火警求助电话

发现火情及时报警，是每个公民应尽的义务。任何单位、个人都应无偿为报警提
供方便。119 火警电话也已为大家所熟记，但何时应该拨打 119 火警求助电话，却有
很多人不甚了解，或者遇事先胡乱拨打一番，导致出警延误，造成损失。下面给大家
介绍一下哪些情况可以进行 119 火警事故求助。

（1）火灾。

（2）危险化学品泄漏、道路交通事故、地震、建筑坍塌、重大安全生产事故空难、
爆炸及恐怖事件和群众遇险事件。

（3）水旱、气象、地质灾害、森林、草原火灾等自然灾害。

（4）矿山、水上事故，重大环境污染、核与辐射事故和突发公共卫生事件。

二、正确拨打 119 火警求助电话

（1）119 免收电话费，各种公用电话均可直接拨打，也可用手机、固定电话直接拨打。

（2）119 还参加其他灾害或事故的抢险救援工作，包括：各种危险化学品泄漏事

故的救援；水灾、风灾、地震等重大自然灾害的抢险救灾；空难及重大事故的抢险救援；建筑物倒塌事故的抢险救援；恐怖袭击等突发性事件的应急救援；单位和群众遇险求助时的救援救助等。

（3）拨打 119 时，必须准确报出失火方位。如果不知道失火地点名称，也应尽可能说清楚周围明显的标志，如建筑物等，如图 10-5 所示。

图 10-5　如何拨打火警电话

（4）要尽量讲清楚起火部位、着火物资、火势大小、是否有人被困等情况。

（5）应在消防车到达现场前设法扑灭初起火灾，以免火势扩大蔓延。扑救时需注意自身安全。

小案例

2008 年 11 月 14 日早晨 6 时 10 分左右，上海商学院徐汇校区一学生宿舍楼发生火灾，4 名女生从 6 楼宿舍阳台跳下逃生，当场死亡，酿成近年来最为惨烈的校园事故。宿舍火灾初步判断缘起于寝室里使用"热得快"，因电器故障将周围可燃物引燃。这给寝室安全管理特别是防火安全敲响了警钟。火灾都是因为个别学生违章用火用电器而引发，给其他住宿学生造成重大影响。学生宿舍是一个集体场所，是一个人员密度极大的聚居地，任何一场火灾都可能造成重大后果，带来不可挽回的财产损失和人身伤害。为了住宿同学的生命财产安全，宿舍内严禁使用违章电器、劣质电器、非安全电器器具、无 3C 认证产品及其他危害公共安全物品，不适宜在集体宿舍内使用大功率电器设备。

请思考

怎样能让同学们更深刻地认识到寝室防火安全的重要性？以上案例给你什么警示？

第三节 122 交通事故求助

122 报警服务台是我国公安交通管理机关为受理群众交通事故报警电话，指挥调度警员处理各种报警、求助，同时受理群众对交通管理和交通民警执法问题的举报、投诉、查询等。该部门是公安交通管理机关指挥中心的主要组成部分。

一、122 交通事故报警服务电话

当你身边发生交通事故或交通纠纷，可以拨打 122 或 110 报警电话，如图 10-6 所示。122 交通事故报警服务电话的受理范围包括：交通事故报警；各种其他紧急危难求助；各种交通问题的举报、投诉；对交通民警执法工作的投诉等。

图 10-6　交通事故报警电话

二、正确拨打 122 交通事故报警服务电话

（1）122 免收电话费，各种公用电话均可直接拨打，也可用手机、固定电话直接拨打。

（2）找交通警察处理交通事故是最好的解决办法，在交通警察到达现场前应注意保护现场。

（3）拨打 122 电话时，必须准确报出事故发生的地点及人员、车辆损伤情况。

（4）双方认为可以自行解决的事故，应把车辆移至不妨碍交通的地点，协商处理；其他事故，需变动现场的，必须标明事故现场位置，把车辆移至不妨碍交通的地点，等候交通警察处理。

（5）遇到交通事故逃逸车辆，应记下肇事车辆的车牌号；如没有看清肇事车辆的车牌号，应记下肇事车辆的车型、颜色等主要特征。

（6）交通事故造成人员伤亡时，应立即拨打 120 或 999 急救求助电话，同时不要破坏现场和随意移动伤员。

🔍 小案例

2005 年 6 月 25 日，衡阳、长沙 5 名中专学生联合包乘罗茂华驾驶的出租车由衡阳市区驶往南岳，想赶在第二天清晨到衡山观日出。当车由南向北行至 G107 线某路段时，遇前方两行人往公路右边行走，因罗茂华驾车超速行驶，处置不当，盲目向左打方向驶入对方车道，与相对方向行驶的，装载 7.66 吨酒精的重型厢式奥铃货车（该车核定载重量 7 435 千克）相撞，货车向前将出租客运轿车推挤 51.85 米后停下来，造成出租客运轿车上 6 人当场死亡。

请思考

如果这时你在现场，你应该怎样办？

第四节　120 医疗求助

一、120 医疗急救电话

　　"120"是我国统一的医疗急救电话。拨打 120 是向急救中心呼救最简便快捷的方式。急救中心是 24 小时服务，只要是在医院外发生急危重症，随时可以拨打"120"找急救中心要救护车，如图 10-7 所示。急救中心及急救分站所属的救护车服务的重点对象是灾害事故和急危重症。

图 10-7　医疗急救电话

　　如果拨打 120 占线，也可拨打 999。北京红十字会于 2001 年 9 月 19 日启用 999 急救电话。不同于 120 的是，999 是民间组织（社会团体），而不归属政府管辖。需要急救服务时，可拨打其中的任何一个号码。但不要同时拨打两个号码，以免造成资源浪费。

二、正确拨打 120 医疗急救电话

　　（1）拨通电话后，应讲清病人的所在方位、年龄、性别和病情。如果不清楚确切地址，应说明大致方位，如哪条大街、哪个方位、哪幢建筑物附近等，如图 10-8 所示。

　　（2）尽可能说明病人典型的发病表现，如胸痛、意识不清、呕血、呕吐不止、呼吸困难等。

图 10-8　发现病人及时求救

（3）尽可能说明病人患病或受伤的时间。如果是意外伤害，要说明伤害的性质，如触电、爆炸、塌方、溺水、火灾、中毒、交通事故等，并报告受害人受伤的身体部位和情况。

（4）尽可能说明你的特殊要求，并了解清楚救护车到达的大致时间，准备接车。

（5）如果了解病人的病史，在呼叫急救服务时应提供给急救人员参考。

🔍 小案例

天津市某财经学校的63名学生某天中午在学校食堂吃午饭，有的同学吃的是炒饭，也有同学吃的是包子。下午两点多，有一个同学开始上吐下泻，随后越来越多的同学也有同样的反应，开始出现腹泻、发烧、口吐白沫等症状。

请思考

如果你是这个学校的一名学生，发现这种情况，你应该如何做？

🧊 安全训练

安全急救训练

训练步骤

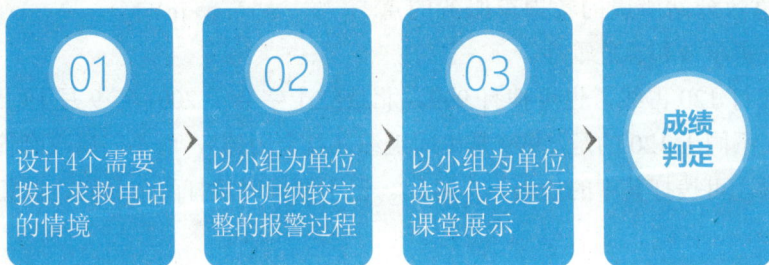

01 设计4个需要拨打求救电话的情境 → 02 以小组为单位讨论归纳较完整的报警过程 → 03 以小组为单位选派代表进行课堂展示 → 成绩判定

训练形式

课内训练性质，课后准备、课堂展示。

情境一：假设你和同学在周末逛商场时遇见一场斗殴事件。3个未成年男子在商场二层围殴一名30多岁的成年男子，现场已经聚集了十多名群众围观、拍照，可是未见有人拨打110报警电话，打人的3个未成年男子也没有要停手的意思，这时你拿出手机准备拨打110报警服务电话。（写出接通110报警服务电话后，应该描述的细节）

情境二：假设你暑假期间在某连锁餐厅打工，突然某天下午后厨传来非常浓烈的烟雾气体，当你听到同事的呼救声后，迅速赶到后厨门口，发现后厨出现明火并有快速蔓延的趋势。这时你找到店内座机电话准备拨打 119 火警求助电话。（写出接通 119 火警求助电话后，应该描述的细节）

情境三：假设你和朋友在"五一"小长假期间相约去青海湖旅游，当你们到达西宁后，决定买票乘坐直达景区的旅游大巴。一路上风景特别美，突然大巴紧急刹车，司机说道路前方发生交通事故，你下车后看到一辆旅游大巴迎面撞上一辆小轿车，小轿车内有一家三口伤势比较严重，大巴上的乘客也有部分轻伤，你急忙拿出电话准备拨打 122 交通事故报警电话。（写出接通 122 交通事故报警求助电话后，应该描述的细节）

情景四：假设你和同学相约暑期在某露天沙滩浴场游泳，中午温度非常高，当你和朋友从餐厅吃完饭返回浴场沙滩时，看见有一名 50 岁左右的妇女突然倒地不醒。同行的小朋友吓坏了，在旁边一直哭，这时还没有工作人员赶来。你拿起手机准备拨打 120 医疗急救电话。（写出接通 120 火警求助电话后，应该描述的细节）

第十一章

校园欺凌应对与预防

📖 学习目标

1. 了解校园欺凌的常见类型。
2. 掌握应对和预防言语欺凌的方法。
3. 掌握应对和预防身体欺凌的方法。
4. 掌握应对和预防关系欺凌的方法。
5. 掌握应对和预防网络欺凌的方法。

🔔 安全警句

1. 水可疏，不可堵。
2. 木受绳则直，金就砺则利。
3. 心作良田耕不尽，善为至宝用无穷。
4. 大材何必匹夫怒，诸君莫笑我之懦。

第一节　言语欺凌

一、言语欺凌的发生

　　所谓言语欺凌，是指学生通过侮辱歧视性语言直接或间接地攻击他人，致使对方人格尊严、个人名誉和心理健康等遭受侵犯，使人感到尴尬、生气、羞辱或沮丧的行为。它是一种软暴力，是最不容易被发现的欺凌行为。这种欺凌行为经常发生在女孩与女孩之间。其表现形式是用言语刺伤或者嘲笑、羞辱别人，有时可能会给别人起绰号，甚至用威胁恐吓的言辞，其目的在于给对方造成恐惧感，如图 11-1 所示。

图 11-1　言语欺凌

　　言语欺凌的伤痕比肢体的伤痕更久，因为它所造成的伤害是心理层面的，而且被欺凌者和欺凌者均会受到伤害。对被欺凌者而言，他们会因此成为同伴讥笑或排挤的对象，身上被贴上负面标签。这种经历会让他们形成内向、自卑、消沉的性格，从而出现悲观厌世、厌学逃学、学习成绩下降，甚至会造成自杀等结果。对欺凌者而言，一旦其使用言语欺凌的手段达到了目的，就会误以为欺凌行为有效，从而加重这种行为，进而养成攻击性的言语，影响自己的人际关系。长此以往，这样的同学就会与父母、老师和非攻击性同伴的交往减少，而与一些同质的人成为伙伴。他们这种言语欺凌行为会因此而得到强化和支持，久而久之，会形成不良的人际关系，严重者甚至会走上犯罪的道路。

二、言语欺凌的应对与预防

（一）淡然处之

　　面对言语欺凌，我们最重要的是保持淡定的心态，学会宠辱不惊。须知，欺凌者的目的就在于借助语言，在心理上折磨被欺凌者，因此我们不妨将对方的羞辱当作一种能力的训练，一方面淡然处之，一方面充耳不闻。

（二）自我反省

　　面对别人的言语欺凌时，我们还要学会自我反省，看一看自己是否真的存在这样的问题，有则改之，无则加勉，如图 11-2 所示。

图 11-2　自我反省

（三）无畏回应

　　在自我反省的基础上，要认清一味地忍让会助长对方的气焰，所以在必要的情况下，可以心平气和且无畏地反击对方，给对方以回应，必要的时候可以寻求法律支持。

例如，看着欺凌者的眼睛，严肃地告诉对方停止一切举动。切记，有时候眼神坚定严厉地怒视对方和冷静清晰地对对方说"不"是缓和处境的最好方法。当告诉欺凌者自己不喜欢受到欺凌对待时，就等于清楚地告诉对方要马上停止这一切。如果一再告诫后对方仍旧实施欺凌行为，那么首先选择远离对方，然后寻找外界力量的支持——寻找家长或老师，让他们以成人的角度解决问题。总之，避免进一步接触欺凌者，直到你采取其他行动制止欺凌。

（四）肯定自己

除了采用以上方法应对来自欺凌者的言语羞辱，我们在平时还要学会肯定自己，调整自己的心理，让自己以健康、良好的心理素质面对校园发生的一切。这样一来，那些欺凌者的言语羞辱就失去了作用。对方达不到自己的目的，自然会无趣地离开。

（五）寻求帮助

中小学生遭遇校园欺凌时，有的学生会选择沉默，而大学生在遇到欺凌时更是如此。由于学校对中小学生的管理相对严格，而且多数学生都有家长监护，所以，即便发生了校园欺凌，也容易被发现。而大学生全部住在集体宿舍，已经是"半成人"甚至是"成人"，一旦发生欺凌行为，更容易被隐瞒。虽然大学生从生理角度来看已属于成年人，但还有些大学生在心智上暂时无法走出"婴儿期"。一些从中学走出来的孩子，独立生活能力不强，面对突然到来的大学人际关系，显得有些束手无策。

尽管高中学生的心智相对较为成熟，但由于社会阅历较少，而且同学往往是来自各个地方的人，各自的生活习惯、行事规律、处世方法都有很大不同，对学生来说，尤其是新生，还未学会在更为复杂的环境中处理好人际关系，尤其是遇到个别道德败坏，以欺凌为乐的舍友或同学，就不知道如何是好。而且，在欺凌行为发生后，有些学生出于"爱面子"等原因耻于向父母或老师反映情况，往往是忍气吞声，任欺凌行为延续。如此，被欺凌者必然会产生自卑、封闭、仇视等心理，而潜藏在校园的"戾气"也随时都可能会爆发。

因此，学生应该正视自己的不足，在受到欺凌时多与家人、朋友或老师沟通，争取找到合适的方法，解决眼前的问题，为以后高质量的大学生活，提供充分的保障。

🔍 小案例

小姜是某高中二年级的学生，某天他吃坏东西有些闹肚子，结果被班上几个同学知道后，反复阻挠不让他上厕所，甚至嘲笑他，这让他感觉受到了羞辱。"他们让我在最外面的一个坑上厕所，外面能看见，他们就在那笑话他，还找来别人笑话我。"小姜回忆说。在第一次上厕所被阻挠后，小姜便回到了自己的座位，但当肚子难受又要上厕所时，小姜再次遭到那几名同学的言语侮辱，他说："上了课10分钟左右，当时是数学课,我站起来给数学老师打报告说不舒服要出去吐,欺负我的那5个同学一听,说'你傻,你要吐你出去吐就是,你快点死吧……'老师就是朝我点点头示意我出去。"

身体不舒服,上厕所又被同学阻挠谩骂,小姜越想越生气,竟然产生了轻生的念头。"我爬到窗上坐着,想了很久,简直受够了这种生活,我实在没办法,把我逼到尽头了,所以我只好跳楼了,结束这种痛苦的生活。"躺在病床上的小姜回忆起当时的情景,依然痛苦万分。

最终,小姜从教学楼的四楼跳下,所幸并没有造成生命危险,但是他的腿和脊柱却受伤严重。尾骨骨折、胸骨骨折、右胫骨近端和右腓骨近端粉碎性骨折等,病例上详细记录着小姜的每一处伤情,尤其是他的右脚,如果治疗恢复效果不佳,恐怕将落下残疾。

请思考

1. 你怎样看待几名欺凌者的行为?
2. 你认为最终导致小姜跳楼的原因有哪些?
3. 如果你是小姜,你会怎么处理?

第二节　身体欺凌

一、身体欺凌的发生

身体欺凌就是运用身体力量,通过身体动作来实施的欺凌。其表现形式为推、踢、殴打及抢夺财物等行为,如图11-3所示。这种欺凌行为对学生的身体和心灵均会造成一定的危害,从而产生大量的消极影响。受欺凌者会表现出更低的自尊水平和更多的人际关系、行为和身体上的问题。与从未受过欺凌的学生相比,这些受过身体欺凌的大学生可能会更沮丧,更容易体验到焦虑和身体不适,甚至更多的自我伤害。此外,他们的学业成绩较差,逃课的情况比较严重。

图 11-3　身体欺凌

二、身体欺凌的应对与预防

（一）警示对方后果的严重性

许多实施欺凌行为的大学生，在实施身体欺凌的行为之前，并不会意识到这种欺凌行为的严重后果，差不多均是在一时冲动之下做出的不理智行为。因此，可以警示欺凌者这样做的严重后果，例如，可能会被记过甚至开除学籍，让欺凌者深刻地意识到这种欺凌行为对自己和他人的危害，从而有效预防欺凌。

（二）远离具有暴力倾向的同学

在平时的相处中，一旦发现某些同学具有暴力倾向，就要尽可能远离对方，不与对方发生冲突。

（三）要学会与人沟通，礼貌待人

平时的学习和生活中，同学之间免不了会发生大大小小的冲突，要学会与人沟通，如图 11-4 所示。遇到事情，学会礼貌待人。不管事情发生时，对错是否在于自己，礼让他人并不是错误。但要记住的是，礼让不等于忍让，一旦对方对自己施行身体欺凌，要及时保护自己或向相关人员求助，必要时要及时报警。

图 11-4　学会沟通

（四）冷静与对方沟通

一旦发生身体欺凌行为，要以平和的声调与对方沟通，注意音量不要过高，以免触怒对方，进而导致问题进一步恶化。在遇到欺凌时，可以大声警告对方，并适当自卫，同时呼救求助，寻找机会逃走。

（五）麻痹对方

如果遇到校园暴力，特别是一群人的攻击胁迫时，应采取迂回战术，麻痹对方，顺着对方的话来说，获取对方的信任，同时为自己争取时间，寻找逃跑和获救机会。而不是激怒对方或反抗，这样只会招来更激烈的暴力。

（六）报警求助

在某些情况下，与欺凌者理论不会带来任何改变。由于欺凌行为具有明显的反复性，因此一旦遭到身体欺凌，要及时报警或求助。

（七）求饶

一些校园欺凌者有不正常的心态，欺凌他人是为了满足自大的心理。因此，当我们面对对方的殴打时，不必逞强，必要的时候一定要求饶。这不是懦弱的表现，是为了减少伤害采取的自我保护策略。

（八）保护好自己

倘若无法逃离，求饶也无效，那么就要双手抱头，尽力保护自己的头部，尤其是太阳穴和后脑勺儿。这样一来，就可以让自己在遭到殴打时，尽量将危害减到最小，不至于危及生命。

（九）以人身安全为重

有些时候，受到身体欺凌的原因在于对方想索要钱财，在人身和财产双重危险时，应以人身安全为重，舍财保命，以免受到更激烈的伤害。事后可以向家长、老师或警察求助。

（十）增强自我意识

在应对欺凌，尤其是身体欺凌时，必须要增强以下 5 个意识。

（1）要有依法的意识。违法行为是不受法律保护的。

（2）要有强烈的自我保护意识。

（3）要有方法和策略意识。在力量悬殊的情况下，切记不能蛮干。

（4）要有见义勇为、见义智为、见义巧为的意识。在保护自身安全的前提下对他人实施救助。

（5）要有强烈的报告意识和证据意识。及时上报并注意搜集证据，以便在需要的时候出示。

小案例

付明明（化名）出生在辽宁省葫芦岛，进入中学后，她被分到了523宿舍，后来又结识了本校的退学女生陈涵（化名），每当付明明遇上麻烦时，陈涵总能帮她找人搞定。随着时间的推移，心狠手辣的两人成为学校出名的"霸王花"。

横生事端　闲聊生事　教训同学出气

一天，付明明和陈涵与同学宋某、李某、赵某一起逃课在寝室聊天。其间，陈涵说自己刚与男友分手，心情不好，并对几人说："你们有没有仇人？我帮你们出出气。"赵某称：学校里有个姓孙的同学，在老家"撬"了她朋友的男友，而且吃饭的时候还瞪过她。李某也附和说："她以前也骂过我，挺狂的。"陈涵顿时来了兴致，她让宋某和李某到楼上找对方下来，打算教训孙某。老实的孙某知道两人不是善茬，搪塞了几句。看见孙某"不听话"，付明明上前，按着孙某扇了她几个耳光，孙某被5个人围着打，付明明则是又打又踹。打了一会儿，孙某被打晕趴在地上不动了，付明明说："让她装死，去接盆水泼！"宋某听闻，打了水泼在孙某身上。陈涵觉得还不解气，拿起打火机，要烧孙某的头发，嘴里还嘟囔："你头发挺好看的啊，让我给你烫烫。"

被水浇醒的孙某几近崩溃，冲到阳台要跳楼，被几人拽了回来。付明明讥讽说："等我们打够了你再跳。"孙某一手抓住阳台栏杆不放，结果手又被掰开拉了回来。付明明随后又让孙某给她磕头，还威胁孙某同寝室的同学说："你们谁拦着就打谁！"孙某先是磕了8个头，付明明却说磕得太轻，就拽着她的头发往地下按，边磕还边让孙某叫她奶奶。孙某一遍遍哭喊重复着："奶奶，我错了，饶了我吧。"

鞋跟碾手　垃圾桶扣头上

几人仍未"尽兴"，宋某又把孙某拽到卫生间，让她在那儿反省，吓坏的孙某趁机把门锁上，坐在厕所阴暗的角落里希望能躲过毒打。几次推不开门的付明明，边骂边使劲地一脚将门踹开，抓着孙某的头发把她从厕所拖出来，不停地用脚踢她。更恶劣的是，付明明还用鞋跟踩在孙某的手背上左右碾压，疼得孙某撕心裂肺。

挣扎中，孙某碰倒了旁边的垃圾桶，付明明就拽着她的头往垃圾桶里按，弄得孙某满脸的剩菜，几个女生站在旁边嘲笑着。孙某声音微弱地说："我到底哪里错了，干嘛要打我？"付明明一听立刻火了，说："我就是看你不顺眼，想揍你！怎么了？"说罢就拿起饮水机的空桶砸去，砸得桶都破了，疼得孙某跪地求饶，鲜血直流。

讹诈500元　逼人下跪反省

"哎呀，指甲打坏了！"付明明看着自己的指甲漫不经心地说，陈涵也火上浇油说道："我衣服也坏了，让这个死了头赔500块钱！"此时孙某已经没有任何反抗的力气了，又磕了两个头，对付明明说："我赔，我赔……"

"可是我现在没有那么多钱。"，"那没办法了，接着来吧！"付明明说完就从床上掰下一根铁管，同寝室的同学赶紧借给孙某500块钱。付明明数完钱后说："今天你看见什么了？"寝室同学回应道："什么都没看见。"

"你给我跪这儿好好想想"付明明说完，带人离开了房间。见她们走了，同学扶起孙某，谁知陈涵又回来了，见状大喊道："你是不是不想跪啊？"又将孙某踹得跪了在地上，并把衣服扔到孙某的脸上说："给我把衣服洗了。"

家长报案　歌厅落网　嚣张霸王花被判刑

被吓坏的孙某不敢报警，直到夜里 11 点才鼓足勇气给远在辽宁的父母打电话，孙某的父母听闻孩子的遭遇，急忙买了当天的火车票赶往学校，并在路上报了警。公安机关迅速行动，连夜在歌厅抓到了打人的付明明等人。被抓时付明明仍然神情傲慢，竟然不知道自己触犯了法律，对办案人员说："凭什么抓我，那女的该打。"

后来检察机关以涉嫌寻衅滋事罪对付明明等人提起公诉。法院经审理认为，付明明等人无视国法，结伙随意殴打他人，情节恶劣，行为均构成寻衅滋事罪。由于付明明认罪态度较好，积极赔偿被害人的经济损失，而且获得被害人谅解，故对已成年的付明明酌情从轻处罚，判处其有期徒刑 1 年。另几名被告人因尚未成年，分别被法院判处有期徒刑 8 个月。此外，嫌疑人陈涵仍在抓捕当中。

2016 年 11 月，付明明戴着冰冷的手铐站在法庭中央静静地等候宣判，她始终低着头，身体有些颤抖。当听到"犯寻衅滋事罪，判处有期徒刑 1 年"的时候，她扑通跪倒在法官面前，哭喊着说道："法官，求你救救我，我错了，是我糊涂啊！"这个看似柔弱的女孩，半年前在学校却是个让同学闻之色变的"女霸王"。

请思考

1. 孙某受到身体欺凌的原因是什么？
2. 在受到欺凌的过程中，孙某应该如何保护自己？
3. 如果你是孙某同寝室的同学，你会怎么做？
4. 你是否认同孙某事后的做法？为什么？

第三节　关系欺凌

一、关系欺凌的发生

所谓关系欺凌，就是指运用人际关系来实施欺凌行为。其表现形式包括说人坏话、散播谣言、社交孤立等，如图 11-5 所示。相比言语欺凌和身体欺凌，这种欺凌行为表现得更隐蔽，发生得更频繁，由此而产生的影响更严重而持久。

图 11-5　社交孤立

欺凌者要排挤某个同学，有可能会制造一些谣言，或者说闲话，或者是改造这些学生本身说过的话，不是他原意却讲成是他说的，然后传谣。有一些人，他（她）们就是不喜欢某个人，尤其在女同学当中，当她们不喜欢某个同学的时候，就不会让这个同学参加他们的任何活动，尤其是新来的学生通常会面对这样的问题。

二、关系欺凌的应对与预防

（一）要洁身自好，不在背后说他人长短

须知，要想让自己远离是非，首先自己就不要做这种行为。因此，平时与人交流时，多谈一些健康有益的话题，对人有意见，可以当面委婉地表达，而不要在背后与他人说三道四。

（二）要提高自身素质，以宽容的心态对待他人

人非圣贤，孰能无过。在学习和生活中，我们要提高自身的素质，培养豁达和宽容的心胸，不要抓住别人的错处不放，要得饶人处且饶人。当我们以宽和的态度对待别人时，我们也会收获一份宽容，如图 11-6 所示。

图 11-6　宽容对人

（三）大方应对，不躲不避

当遇到他人的关系欺凌时，我们首先就要做到大方应对，不躲不避。必要的时候，可以请老师或家长帮忙，查清问题的起源，以解决问题。

切记不要在遭到他人的关系欺凌时，以牙还牙。这样做的结果，极可能因此对自己造成更深的伤害。

🔍 小案例

以下是一位在宿舍被孤立的女大学生自述。

我从小不太和人接触，也没住过宿舍，所以大学刚刚进入一个陌生的环境，感到很紧张，羞涩。大一开学时我去的是宿舍四个人里最迟的，去的时候宿舍另外三个已经抱成团的。她们以前都有住宿经验，所以处理这方面问题得心应手。遇到她们，我有点怯怯的。她们估计也看出来了，所以挺瞧不起我的。

军训时她们三个人一起去，吃饭一起吃，晚自习一起去上，好像我不存在一样。我虽然害羞，但是也试着想融入她们，终于一个月以后，我和他们的关系基本正常了。我以为正常了，可是真的正常吗？她们让我都她们做事，背后还说我坏话，三个人在一起会说，也会和别的宿舍人说我"不够意思"什么的。其他宿舍那个时候基本开始"两两配对"了，可是我那个宿舍还是坚持四个人，我估计主要是是因为她们三个都不想和我配对吧。四个人走一起时，她们三个手挽着手，故意不拉我的手。在宿舍里聊天，她们也常常三个人自顾自嗨不管我。我觉得这样很没意思，我明明已经做得够好了，用真心对待别人，别人却还是不喜欢我，背后还是会议论我，还是区别对待我。于是有一天我试着去冷淡她们，想用这种方法来暗示她们。她们好像完全不在乎我的感受，很有默契的同时不理睬我，不再群聊，重新申请了个宿舍群，只有她们三个人。早上吃饭不叫我，三个人出宿舍，刚出门就听到她们嘲笑我的声音……

再复合会很难，她们就是仗着自己人际交往能力比我强，欺负我这个没有什么经验，又羞涩的人。想利用我给她们做事，一旦发现我不愿再低姿态，她们就报复我。可能她们一开始觉得我一定会更加低姿态地去求复合，比较一个人会很难过，可是她们错了，我虽然会羞涩，可是我骨子里却不容易屈服。想用这种方法对付我，我只会感到恶心。于是，我和她们将近一年没说话了。

大学生的确很现实，我在宿舍外的一些朋友看到我总是形单影只，渐渐疏远我。所以，我总是找不到什么同伴。

请思考

1. 从女大学生的自述中，你认为她被孤立的原因是什么？

2. 如果你是这位女大学生，你会怎么做？如果你是她的室友之一，你又会怎么做？

第四节　网络欺凌

一、网络欺凌的发生

网络欺凌的定义没有一个统一的规定，其中一种说法是指个人或群体用信息通信技术去支撑某种意图伤害他人的反复的敌意行为，如图 11-7 所示。它包括运用因特网或其他数字通信技术，例如，微信、微博、QQ、电话或短信，发送或传递伤害他人的文本或图片。其目的是威胁、伤害、羞辱受欺凌者，造成受欺凌者的恐惧或无助。按其表现形式，可以分为以下几个方面。

图 11-7　网络欺凌

1．情绪失控

情绪失控，是指向网上的群体或个人发送令人生气的粗俗信息，这是由于不同意或误解别人所说的意见，并决定与其争辩而形成的正面攻击。

2．网络骚扰

网络骚扰，是指通过电子邮件或其他短信方式持续地骚扰他人，受害者收到的消息可能是让人讨厌的或者感到庸俗的，带有性暗示或者侮辱性的信息。

3．网络盯梢

网络盯梢，是指通过网络发送带有伤害性、威胁性或者过分暧昧的言语，例如，在微信上威胁 A 说要送 A 去死。

4．网络诋毁

网络诋毁，是指发送针对某人有害、不真实或残酷的陈述，或将这些资料上传到网上。

5．网络伪装身份

网络伪装身份，是指假装他人的身份在网上发布信息，损害该人的形象。

6．披露隐私

披露隐私，是指在网上发布有关个人的敏感、私密或令人尴尬的信息，包括传播私人信息或图像。

7．在线孤立

在线孤立，是指将某人排除在某一个聊天室或虚拟社区之外，使之孤立。

二、网络欺凌的应对与预防

网络欺凌的危害非常可怕，侵蚀人的心理。未成年人还处在身心发展不成熟的阶段，很容易沦为网络欺凌的受害者。网络欺凌的隐蔽性和多发性决定了我们应对网络欺凌的策略要以预防为主。

（一）提高自我防护意识

未成年人应加强网络安全意识，提高自身防御能力；同时也要注意自己的网上言行，避免成为网络欺凌的作恶者。在上网时，未成年人要加强隐私设置，设置好友权限，防止个人信息泄露。在遭受网络欺凌时，屏蔽作恶者或删除可恶信息，是未成年人通常采用并认为有效解决问题的措施。有的未成年受害者会对网络欺凌进行报复。但国外调查发现，报复可能不仅不会起到威慑的作用，反而会使情况更加恶化。未成年人在受到欺凌后，应主动把事情告诉熟悉自己的同学、朋友、家长和老师，以减轻内心的压抑和无助。

（二）提高心理素质

研究表明，缺乏自信的学生极易卷入网络欺凌事件，所以经常陷入欺凌的青少年应该进行自信心的训练。练习步骤：挺胸抬头，双眼平视，大胆地注视对方的脸，大声地叫出对方的名字，大声说出自己不愿意做的事，勇敢地对不合理要求说"不"。这种练习要持续，并且要不断变换情境，让受训者形成习惯反应。

（三）提高社交能力

研究表明，受欺凌者大多缺少朋友，经常形单影只，这使他们很容易成为欺凌者的挑选对象。因此，受欺凌者要进行社交训练，以提升自己的社交能力，如图11-8所示。社交训练主要包括人际交往的基本原则和技巧，提高自身的涵养，克服害羞，战胜胆怯和恐惧。

图 11-8　提升自己的社交能力

（四）学会合理求助

调查发现，告知朋友是处理网络欺凌最有效的途径。特别是同班或同校的同学，由于在网络空间中接触较多，他们与成年人相比更容易获得关于作恶者和被欺凌者的信息，由他们来帮助或举报是很好的方式。

小案例

某大学自动化专业大四学生小徐，请求法院以诽谤罪刑罚自己的同学小葛，理由是小葛在网帖中影射他是"精神分裂"。法庭上，6名同班同学出庭为小葛"求情"，认为他在网帖里写的是事实。

小徐在刑事自诉状中称：去年9月，他和一名舍友发生矛盾，作为旁观者的小葛就在网上描写他和其他同学的事情，称他和同学关系一贯不好，并提到他的真实姓名。小徐说之后他经常接到对他进行辱骂的骚扰电话，有的是从外地打来的长途；还有陌生人加自己的QQ和微信，然后说些骚扰性质的话。

"我们还有几个月就快毕业了，没想到他会这么做，我也有点伤心。"坐在被告席上的小葛说。法庭上，小葛当庭承认帖子是他写的，但他是应学校老师要求写的情况材料，并无诽谤之意，后来他又将这个材料发到了网上。小葛说：几天后他便将网帖删除，并向小徐道歉，但小徐执意要对小葛提起刑事自诉。

请回答

1. 你如何看待小徐以刑事诉讼的方式控告小葛？

2. 如果你是小徐，你会采取什么样的方法解决问题？

3. 假设小葛发在网络上的文章内容属实，是否代表小葛对由此导致小徐受到骚扰的事件不用承担责任？

安全训练

校园欺凌案例分析

训练步骤

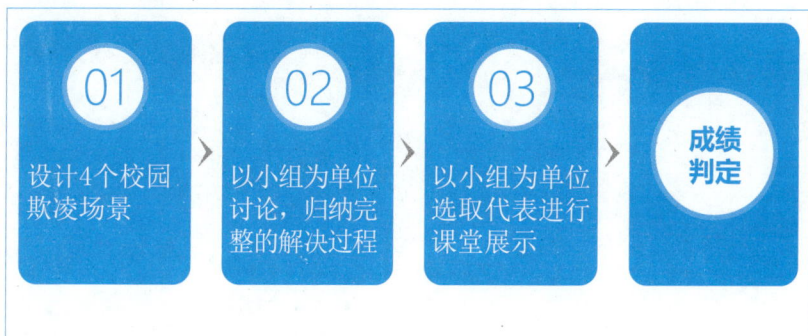

01 设计4个校园欺凌场景 → 02 以小组为单位讨论，归纳完整的解决过程 → 03 以小组为单位选取代表进行课堂展示 → 成绩判定

训练形式

课内训练性质，课后准备、课堂展示。

情境一：假设你刚入大学军训期间，一名和你同寝室的同学，当众给你起带有贬义性质的外号，在回到寝室后仍然继续叫，并用半开玩笑半认真的语气问你，以后就叫你的外号而不叫名字可以吗？

情境二：你和同学在寝室一起玩游戏，但由于自己操作失误，导致本轮游戏失败，同学非常不满，用力捶打了你一下，而且伴有侮辱性语言，你表达不满后，对方连续打你几个耳光，并威胁你老实点，不然就找高年级同学甚至社会上的人"修理"你。

情境三：与你同班同寝的同学 A，经常加别人的微信，并邀请他们加入同学 A 创建的微群组，虽然你们加了微信好友，但同学 A 从来没有邀请你加入他的微群组。慢慢的，与同学 A 在微信上联系的朋友越来越多，这些朋友还经常说同学 A 在朋友圈分享了好玩的文章，但你却看不到同学 A 的朋友圈动态，很明显，同学 A 设置了朋友圈的访问权限并把你排除在外。后来，与同学 A 要好的朋友渐渐冷落你，甚至用一种怪异的眼神看你。

情境四：同学 B 在朋友圈中发了很多篇文章，说某人的坏处，虽然没有指名道姓，但从同学 B 描述的外貌特征、生活经历等，你判断同学 B 说的就是你，而且其他的同学也能判断出这一点。

第十二章

新冠肺炎疫情期间的安全

学习目标

1. 了解新冠肺炎。
2. 掌握新冠肺炎期间的日常安全知识。
3. 理解新冠肺炎期间的身心安全知识。

安全警句

1. 千忙万忙，安全不忘。
2. 大意一次，忏悔一世。
3. 危险因素一件件，件件排除莫小看。
4. 安全人人抓，幸福千万家。

第一节 新冠肺炎疫情期间的日常安全

新型冠状病毒属于 β 属的冠状病毒，有包膜。其基因特征与 SARSr-CoV 和 MERSr-CoV 有明显区别。病毒对紫外线和热敏感，56℃ 30 分钟、75% 乙醇、含氯消毒液、过氧乙酸和过氧化氢等均可有效灭活病毒。国际病毒分类委员会将新冠病毒命名为 SARS-CoV-2。

新冠肺炎是指由新型冠状病毒感染引起的肺炎。世界卫生组织将新型冠状病毒肺炎（简称"新冠肺炎"）命名为 COVID-19。

一、新冠肺炎疫情期间的个人安全防护

（一）正确选择和佩戴口罩

标准的外科口罩分 3 层：外层有阻水层，可防止飞沫进入口罩；中层有过滤层；近口鼻的内层用于吸湿。对于一般公众（医务工作者或疫情相关工作人员除外），建议戴一次性医用口罩。人员密集场所的工作人员（医院、机场、火车站、地铁、地面公交、飞机、火车、超市、餐厅等）和警察、保安、快递等从业人员，以及居家隔离及与其共同生活人员，建议佩戴医用外科口罩，或者佩戴符合 N95/KN95 及以上标准的颗粒物防护口罩。不推荐使用纸口罩、活性炭口罩、棉纱口罩和海绵口罩。

一次性医用口罩 / 医用外科口罩的正确使用方法如下：鼻夹朝上，外层深色面朝外（或褶皱朝下）；上下拉开褶皱，将口罩覆盖口、鼻、下颌，如图 12-1 所示；将双

手指尖沿着鼻梁金属条，由中间至两边，慢慢向内按压，直至紧贴鼻梁，如图 12-2 所示；适当调整口罩，使口罩周围充分贴合面部。

图 12-1　鼻、口、下巴罩好

图 12-2　金属夹片贴紧鼻梁

（二）正确洗手

常言说"病从口入"，其实手才是罪魁祸首，它担任了病菌与口之间的运输工具。经常洗手是很好的卫生习惯。尤其是饭前更必不可少。洗手看似简单，却大有学问。正确的洗手应遵循以下七个步骤（如图 12-3 所示）。

（1）掌心相对，手指并拢相互搓擦。

（2）掌心相对，双手沿指缝相互搓擦。

（3）一只手握另一只手大拇指旋转搓擦。交换进行。

（4）弯曲各手指关节，双手相扣进行搓擦。

（5）手心对手背沿指缝相互搓擦，交换进行。

（6）一手指尖在另一掌心旋转搓擦，交换进行。

（7）一手握另一只手腕部旋转搓擦，交换进行。

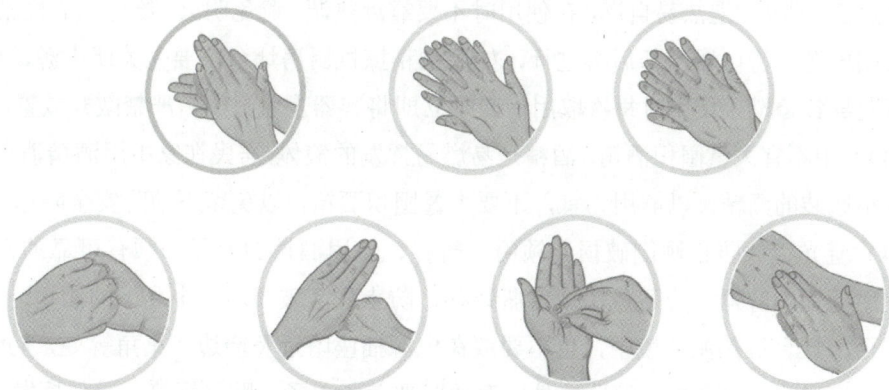

图 12-3　七步洗手法

特别要注意彻底清洗手上的手表、戒指和其他装饰品部位（有条件的也应该清洗戒指、手表等饰品），应先摘下手上的饰品在彻底清洁。

（三）减少外出，减少聚众

新冠肺炎疫情期间应尽量减少不必要的外出活动，减少聚众，防止疫情的传播。

二、新冠肺炎疫情期间的消毒安全防护

（一）消毒剂的使用

疫情期间，很多家庭每天都会对家庭进行消毒。目前生活中常用的消毒剂有含氯消毒剂，比如84消毒液，这种产品在超市就可以买到，可以用来消毒餐具、桌椅、厕所洁具等物品。在实用消毒剂要注意以下几点。

（1）放消毒液的瓶子，不要用饮料瓶代替，以免误饮。如果用其他瓶子装，一定要注明"消毒剂"字样。

（2）使用前认真阅读产品说明，严格按照消毒药物使用浓度、使用量及消毒作用时间操作。84消毒液与酒精、含有盐酸的洁厕液等不可混合使用，混合后可能生成有毒氯化物或剧毒氯气危害健康。

（3）进行空气消毒需在室内无人的状态下进行，为了保证消毒效果，消毒时要关闭门窗，家人离开房间，消毒完成后应打开门窗通气，待气味散尽后家人再进入。

（二）酒精消毒的使用

（1）注意室内通风。在室内使用酒精时，需要保证室内通风，使用过的毛巾等布料清洁工具，在使用完后应用大量清水清洗后密闭存放，或放通风处晾干。

（2）安全使用酒精。使用前要清理周边易燃可燃物，勿在空气中直接喷洒使用。酒精燃点低，遇火、遇热易自燃，在使用时不要靠近热源、避免明火，给电器表面消毒，应先关闭电源，待电器冷却后再进行，如用酒精擦拭厨房灶台，要先关闭火源，以免酒精挥发导致爆燃。使用时每次取用后必须立即将容器上盖封闭，严禁敞开放置。

（3）家中不宜大量囤积酒精。酒精是易燃易挥发的液体，居民在家中用酒精消毒时，可购买小瓶装的酒精，以够用为宜，不要大量囤积酒精，以免留下消防安全隐患。

（4）避光存放防止倾倒破损。领用、暂存、使用酒精的容器必须有可靠的密封，严禁使用无盖的容器。应避免用玻璃瓶装存，防止跌落破损。家中剩下的酒精，不要放在阳台、灶台等热源环境中，也不要放在电源插座附近及墙边、桌角等处，防止误碰倾倒。可避光存放在柜子等阴凉处，存放时要盖紧盖子，贴好标签，避免挥发。

（5）存放时避免儿童拿到。有幼儿的家庭，酒精应放在儿童拿不到的地方，对于年纪稍大的孩子，家长可以给孩子讲解酒精的特性，教育孩子不要玩弄酒精，更不能用火点燃。

三、新冠肺炎疫情期间的校园安全防护

（一）返校

所有外出或者外地的师生员工，返回居住地后应当居家隔离医学观察 14 天，健康者方能返校。往返学校途中应正确佩戴口罩。

乘坐飞机、高铁或私家车返校时注意：务必全程佩戴医用口罩。到机场、车站一定要配合工作人员做好体温测量和活动轨迹查验工作。在办理业务、排队等候时，与他人间隔至少 1 米。返校途中若出现发热、身体不适等情况，必须立即主动向工作人员报告，配合做好体温测量并服从相关规定；减少进食，尽量避免脱口罩；途中尽量与他人保持安全间距，密切留意周围旅客的健康状况；如果发现他人有异常情况，主动上报工作人员，在条件允许的情况下尽量换座位；尽可能远离人群走动频繁的过道，减少在车厢或机舱内来回走动；避免使用公共饮水机，尽量自备或购买瓶装水。留意自己的航班号、高铁车次信息，注意社会公示的患者同乘交通工具信息，如果是同乘者，需上报并居家隔离。

在公共场所应佩戴口罩，特别是在公共交通工具上、在人流密集的公共场所。触摸扶手等公共场所物品后应注意洗手，可以自备含消毒酒精的免洗洗手液、消毒湿巾等产品；避免用脏手触摸口鼻、揉眼睛等。

（二）课间休息

课间休息时避免去人流密集场所，与同学们尽量保持 1 米以上的安全距离。多喝水、勤洗手、勿打闹。保持适量运动，避免用脏手触摸口鼻、揉眼睛等。

（三）就餐

提倡错峰就餐并自带餐具。养成餐前、餐后洗手的习惯。建议单桌、同向、分散式就餐，如果不能单人单桌吃饭，应采用分餐制或使用公筷。全程佩戴口罩，直至进食前方可摘掉。

（四）在图书馆或自习室

在图书馆或自习室时需全程佩戴口罩，与同学们保持 1 米以上的安全距离，避免

面对面交谈，不聚集、不扎堆、间隔而坐。触摸书本后双手避免接触口眼鼻。尽量走扶梯上楼，避免使用电梯。出馆后应洗手。

（五）使用运动器械

使用前应对器械进行消毒；使用期间避免用手触摸自己的口眼鼻；使用结束应洗手。

第二节　新冠肺炎疫情期间的身心安全

一、锻炼身体

为打赢新冠肺炎疫情防控阻击战，满足疫情防控期间群众健身需求，国家体育总局办公厅于 2020 年 1 月 30 日下发了《关于大力推广居家科学健身方法的通知》中明确指出：推广居家健身方法，普及科学健身知识，倡导疫情防控时期的健康生活方式。

居家健身活动方式主要有：有氧健身、拉伸、力量练习。

（一）有氧练习

有氧练习，如跑步机、健身操、有氧舞蹈，主要功能有：改善心肺功能，使心脏的肌肉变得更加强壮、跳动更有力；改善肺功能，提高肺活量；降低血脂和全身脂肪含量；增加血管弹性、预防动脉硬化，降低心血管病的发病率。

（二）拉伸

拉伸，即拉伸我们身体的肌肉和韧带，如瑜伽中的一些动作。拉伸的好处：改善韧带、肌肉过于僵硬和收缩的状态，可以加强韧带、肌肉的伸展能力，增加肌肉的弹性和关节灵活性；有效促进局部的血液循环，加强局部氧气及营养物质的供应，加快有害物质的排泄，能够有效的缓解局部的疼痛；可改善一些慢性病症状，促进血液循环和新陈代谢，也可作为有氧练习的一种方法。

（三）力量

可以利用简单家具进行力量的练习，如手持板凳或重物的弯举、推举、提拉、蹲起等。还可以徒手进行力量的练习，如原地蹲起、俯卧撑、仰卧起坐等。力量的练习能增加骨密度、预防骨质疏松，已患骨质疏松者，可以有效改善；增加肌肉量，提高机体燃烧脂肪的能力，控制脂肪增加；使得肌肉强健有力，能更好的保护关节，减少运动中的损伤；提高肌体运动的平衡性和灵活性。

二、合理饮食

合理健康的饮食习惯是提高自身免疫力、抵抗病毒的最佳方式，新冠肺炎疫情要合理饮食，具体要包括以下几点。

（1）不要食用已经患病的动物及其制品。

（2）要从正规渠道购买冰鲜禽肉，食用蛋、奶、禽肉时要充分煮熟。

（3）处理生食和熟食的切菜板及刀具要分开；处理生食和熟食之间要洗手。

（4）即使在发生疫情的地区，如果肉食在食品制备过程中经过彻底烹饪和妥善处理，也可安全食用。

（5）注意饮食规律，营养均衡。

安全训练

新冠肺炎疫情期间如何进行室内消毒

训练步骤

1. 了解消毒基本知识。
2. 整理消毒注意事项。
3. 提交作业。
4. 成绩评定。

训练形式

课堂布置，分小组讨论，整理上交作业。

参考文献

[1] 佟会文. 大学生安全教育指南 [M]. 沈阳：东北大学出版社，2015.

[2] 梁书杰，李农，李凯. 大学生安全实务 [M]. 北京：北京交通大学出版社，2015.

[3] 黄自力. 新编大学生安全教程 [M]. 北京：北京理工大学出版社，2016.

[4] 宋洋. 大学生政治安全观教育策略研究 [M]. 济南：山东大学出版社，2015.

[5] 沈大光. 大学生国家安全观教育研究 [M]. 济南：山东大学出版社，2016.

[6] 中共北京市委教育工作委员会，中共北京市委. 大学生安全知识 [M]. 北京：机械工业出版社，2006.

[7] 吕灵昌，宋刚，王增国. 大学生安全必读 [M]. 徐州：中国矿业大学出版社，2004.

[8] 胡传健，孙道胜. 大学生安全教育教程 [M]. 合肥：安徽大学出版社，2008.

[9] 李树刚. 现代大学生安全知识 [M]. 西安：世界图书出版西安公司，2010.

[10] 王赣华. 大学生安全教育教程 [M]. 北京：高等教育出版社，2012.

[11] 邵辉. 大学生安全素质修养 [M]. 北京：高等教育出版社，2012.

[12] 重庆市教育委员会. 大学生安全教育理论与实践 [M]. 重庆：重庆大学出版社，2012.

[13] 王秀章. 大学生安全知识指南 [M]. 北京：中央编译出版社，2011.

[14] 文辉，汪维. 大学生安全防范知识教程 [M]. 武汉：武汉大学出版社，2011.

[15] 蔡昌卓总. 当代大学生安全课堂 [M]. 北京：中国人民大学出版社，2015.

[16] 郝征. 生存与避险训练：大学生安全知识读本 [M]. 北京：北京航空航天大学出版社，2016.

[17] 邓志平，周杰. 当代大学生安全课堂 [M]. 北京：中国人民大学出版社，2015.

[18] 吉林省高等教育学会保卫专业委员会. 大学生安全教育简明手册 [M]. 北京：高等教育出版社，2014.

[19] 李玉侠，李英霞. 当代大学生安全教育教程 [M]. 北京：中国人民大学出版社，2014.

［20］李飞，刘伟，姜新耀. 大学生安全教育点对点 ［M］. 上海：上海浦江教育出版社，2013.

［21］沈为民. 大学生安全知识 100 问 ［M］. 长沙：国防科技大学出版社，2013.

［22］王健卉. 大学生安全知识宝典 ［M］. 重庆：重庆大学出版社，2013.

［23］王龙，秦义. 大学生安全教育指南 ［M］. 苏州：苏州大学出版社，2013.

［24］姚远友. 大学生安全常识 300 问 ［M］. 西安：陕西科学技术出版社，2012.

［25］朱玲. 大学生安全教育知识读本 ［M］. 武汉：华中师范大学出版社，2012.